Nicole Häfliger

Grüntöne

Unterstützt von:

ETAT DE FRIBOURG
STAAT FREIBURG

1. Auflage Oktober 2017 | © Spriessbürger Verlag, Hinterforst | Alle Rechte vorbehalten

Bilder: Giorgio Hösli, Nicole Häfliger (S. 71), Eveline Dudda (S. 162) | Illustration: strizh, iStock
Gestaltung: Hösli Typographics, Mollis | Korrektorat: Sandra Ryf, varianten.ch
Druckerei: Imprimerie Saint-Paul, Fribourg | Buchbinderei: Bubu AG, Mönchaltorf

www.spriessbuergerverlag.ch

Nicole Häfliger

Grüntöne

Sieben Laster | Literarisches
und ein Schnegel | aus Nicks Garten

Inhalt

Wankelmut inconstantia

Kirschmund 8
Es ist alles eitel 12
Arcimboldo 17

Gagaismus obsessio

Besuch 24
Wurzeln 29
Murmel 35

Dussligkeit stultitia

Fehlerhafte Chancen 44
Erdweibchen 48
Streicheleinheiten 52
Purgatorium 58
Vergleichungen 64

Rausch ekstasis

Besinnungslos glücklich 74
Zublühen 79
Getan 84
Zoom 88

Vergesslichkeit amnesis

Amnesonia ›Miraculum‹ 96
Eigentlich 100
Was bin ich? 104
Vier Jungs 108
Antrag 116

Neu-Gier cupiditas

Der Blick zurück 124
Notdurft 129
Ja! 134

Sturheit obstinatio

Blaue Vögel 144
Gartenblut 148
Von Gras und Gräsern 152

Tigerschnegel Limax maximus

Tigerschnegelfell 160

Addendum

Wörter 168
Pflanzen 172

Wankelmut inconstantia

Eines der lästigsten Laster fürwahr. Schwankt und wankelt es, das Gemüt, dann ist keinem mehr zu trauen, am allerwenigsten sich selber.
Das kann verunsichern oder aber zu unverhofft neuen Ufern geleiten. Zu Gemüse zum Beispiel.

Kirschmund

IN UNSEREM GARTEN steht ein Kirschbaum. Ein breiter. Ein wirklich, wirklich ganz breiter. Und er ist so hübsch, dass mein Baumschneider des Vertrauens beim ersten Anblick vor Entzücken seinen stattlichen Bart streichelte und versonnen brummelte: »Ja. Ein schönes Exemplar. Solche Obstbäume gibt's heute gar nicht mehr.« Ich, stolz wie Bolle, obwohl ich ihn einfach nur geerbt und somit keinen Grund für stolzen Dünkel hatte, meinte daraufhin: »Können Sie ihn bitte so schneiden, dass wir nächstes Jahr kaum Kirschen dran haben?« Er schielte augenwinklig zu mir rüber, ein leises Grinsen zeigte sich unter den Barthaaren und dann nickte der Kopf beruhigend.

Das passierte vier Jahre nachdem wir uns hier niedergelassen hatten. Der Kirschbaum war mit ein Grund gewesen, warum ich un-be-dingt hier leben wollte. Kirschen! Meine Lieblingsfrucht! Und dann noch die späten, süßen, schwarzen! Kiloweise würde ich die futtern, unter Bauchgrimmen leiden, was mir aber egal wäre, und dann weiter reinschieben, bis die gesamte Ernte einverleibt wäre. So der Plan. Dabei hatte ich zweierlei nicht berücksichtigt:

1. Die schiere Menge. Mit ein bisschen gedanklichem Engagement wäre mir klar gewesen, dass ein wirklich ganz, ganz breiter Baum wirklich ganz, ganz viele Früchte produziert. Da kapitulieren auch herkömmliche Maximägen.
2. Die Kirschfruchtfliege. Ernte niemals auf Vorrat und stelle die Ware dann in den kühlen Keller, außer dich fasziniert eine sich langsam fortbewegende, an tausend Stellen rumschwänzelnde Masse.

Im Jahr darauf erwarb ich ausladende Kirschfruchtfliegengelbtafeln, wartete brav ab, bis die Kirschen von Grün auf Gelb schalteten, und hängte vorletztere dann liebevoll wie Weihnachtskugeln hübsch verteilt an den Baum – faulheitsbedingt vor allem im unteren Bereich. Mehrere Wochen lang verschandelte der karnevalsgelbe Anblick den gesamten Garten und hängte sich mit regelmäßiger Liebe an meinen mähenden Kopf. Als ich schließlich prüfenden Blickes die festgeklebten Insekten unter den vielen Haaren begutachtete, befanden sich sehr wenige Kirschfruchtfliegen dran, dafür ganz viele Nützlinge. Und die Kirschen liefen vorratsmäßig genauso davon wie im Jahr zuvor. Super.

Man lernt. Das folgende Jahr stand unter dem Zeichen: Ernte so viel wie möglich, lade alle Nachbarn dazu ein, füll deinen Magen, entsteine die restlichen Kirschen (dafür hat man sich extra ein mechanisches Entsteingerät geleistet) und friere sofort ein, dann läuft auch nix davon. Allein, die Nachbarn winkten alle ab. Nicht weiter verwunderlich, besteht doch unser Weiler vor allem aus Kirschbäumen und daneben noch ein paar Häusern. Nachdem wir unsere Kühltruhe mit so vielen Kirschen gefüllt hatten, dass sie sich kaum mehr schließen ließ, und meine entsteinenden Hände für lange Zeit violett gefärbt blieben, guckte ich am Baume hoch und erbleichte. Da hingen weitere fünf Kühltruhen vor sich hin. Nicht mal die Vögel mochten sich noch erbarmen. Sogar unser kirschenverrückter größter Hund, der extra Männchen machte, um frische Ware direkt vom Baum zu pflücken, befand es nun für gut und ließ es sein. Die anschließenden Wochen verbrachte ich damit, die runtergefallenen, vermadeten, mumifizierten oder gärenden Früchte aufzulesen und Abfallsäcke damit zu füllen. Ein olfaktorisches Erlebnis der anderen Art. Hier nun kam mein bärtiger Baumschneider ins Spiel. Der schaffte es tatsächlich, den Baum so zu schneiden, dass dieser ästhetisch die Wucht blieb, uns aber nur noch drei Kühltruhen voll bescherte. Außerdem entfernte er die untersten Äste, an denen ich mir bei jedem Mähen selbstvergessen Beulen geholt hatte. Ein guter Mann!

In der Zwischenzeit war unser Feigenbaum zu einem stattlichen Exemplar gediehen, ich und Nichtgärtner waren völlig aus dem Häuschen, konnten wir doch sommers zuckersüß leckere frische Feigen pflücken und sie in den Kirschmund schieben. Habt ihr schon mal frische Feigen gekostet? Darüber hinaus sogar eigene? Einfach nur köstlich! Spätestens da versteht man, warum Evas und Adams kleidungstechnisches Statement ein Feigenblatt war. Es kam der Herbst. Unsere Feige schob nach. Und wie. Vierzig Stück erntete ich – jeden geschlagenen Tag. Nachdem wir Salat mit Feigen, Fleisch mit Feigen, Pasta mit Feigen, anderes mit Feigen, Nachtisch mit Feigen, pure Feigen verzehrt und den Rest verzweifelt gerumtopft sowie getrocknet hatten, hielten wir von Feigen dasselbe wie von Kirschen. Nicht mehr so wahnsinnig viel.

Und dann passierte es. Der eine böse Winter kam. Zitternd beobachteten wir, wie die oberarmdicken Stämme der Feige zusehends den Löffel abgaben. Bangend hofften wir und wurden letztlich beglückt – sie trieb von unten aus, Hosianna! Die darauffolgenden Jahre lang. Ohne Feigen. Bloß noch ein schmales Tütchen getrockneter Früchte lag im Vorratsschrank, von dem ich gestern für das Gartenpartybrot die vorletzte Ration aufgebraucht hatte. Dies im wohligen Wissen, dass momentan zwei Generationen Früchte am Baum reifen. Dem Kirschbaum erging es ähnlich. Im letzten Jahr, als das Frühjahr dermaßen verregnet war, dass jegliche Fluginsekten die Flügel strichen und Monilia die ihrigen öffnete, ernteten wir gerade mal so viel, dass ich einen mickrigen Kuchen draus machen konnte. Dafür kletterte ich sogar einige Meter nach oben. Das mit Höhenangst, wohlgemerkt.

Das Resümee ist keine Pointe, weil zu sehr auf süßklebrig-violetter Hand liegend. Meine Kirschenliebe erkennt niemand mehr, nicht mal ich. Wenn ich beim Ernten, Entsteinen und Einfrieren zehn frische Stück in den Mund schiebe, ist es schon viel. Auf die erste reife Feige freu ich mich wie ein Kind auf Weihnachten. Wenn es im Herbst wieder zig Male Weihnachten wird, dann schiebt sich der Feigenmundwinkel dezent nach unten. Warum ich keine Himbeeren, Aprikosen, Birnen, Pflaumen oder Quitten ziehe? Da fragt ihr noch?

In diesem Frühjahr verzichtete ich auf den Bartträger meines Vertrauens und legte selbst die schneidesägende Hand an. Bei unserem Kirschbaum. Immerhin hatte ich über ein Jahr lang den Obstbaumschnitt studiert, angeleitet angewendet und brauchte nun ein weiteres Prüfungsexemplar, bei dem es keine Rolle spielen würde, wenn ich einen Totalversager böte. Hatte ich nicht. Dummerweise. Zwei Kühltruhen sind bereits geerntet, weitere sieben hängen noch oben. ■

Es ist alles eitel

ICH WAR GERADE DABEI, einen weiteren Teil meiner sehr breiten und langen Lavendelhecke zu roden, als ein heranrollendes Auto neben mir anhielt, das Fenster runtergekurbelt wurde und ein mir entfernt bekannter, sehr netter Mann rausguckte.

»Na? Am Lavendelroden? Tja, es geht halt allen gleich. Diese Lavendel verkahlen nach kurzer Zeit und dann muss man sie rausnehmen.«

»Nein, nein, wenn man richtig schneidet, passiert das nicht, diese Hecke hier sah immerhin zehn Jahre lang tiptop aus. Der Grund...«

»Ich sag's ja, es geht allen gleich. Wir hatten auch den ganzen Hang mit Lavendel bepflanzt, die mussten wir nach kurzer Zeit alle wieder rausreißen.«

»Nein, der Grund hier war ein anderer, nämlich jener böse Winter. Die Hecke erholte sich von den Folgeschäden nicht mehr und darum...«

»Eben, die verkahlen, da kann man nix machen.«

»Die ist nicht verkahlt, der starben einzelne Äste mittendrin ab, außerdem...«

Der Mann lächelte liebevoll, fuhr an und rief zum Schluss noch aus dem Fenster:

»Ja, ja, es geht halt allen gleich!«

Da stand ich dann verdutzt mit der Astschere in der einen Hand, wischte mir mit der verdreckten anderen den Schweiß von der Stirn, guckte dem Auto nach, murmelte gewisse Wörter, widmete mich wieder den Lavendeln, geriet ins Grübeln und blieb dabei an einem Satz hängen, der mir seit den letzten Jahren ein treuer Begleiter ist und vermutlich sehr vielen anderen, denn es geht ja allen gleich:

WANKELMUT

»Was dieser heute baut, reißt jener morgen ein.« Wie wahr. Wie befremdlich wahr, wenn dieser Dieser und jener Jener ein und dieselbe Person sind. Was habe ich im Garten schon alles für die Ewigkeit angelegt, eingepflanzt, hingehämmert, festgebunden und einbetoniert, um es nach einigen Jahren oder… Monaten … schon wieder ein- oder auszureißen. Es war mir wie gestern, als ich behutsam die kleinen Lavendelpflanzen gesetzt hatte und es kaum erwarten konnte, dass sie dereinst einen dichten Rahmen bilden würden, jahrzehntelang, bitteschön. Wie stolz war ich, als mein Wunsch viel früher als erwartet in Erfüllung ging, aus den Kleinen stattliche Riesendinger geworden waren, die Schulter an Schulter jedem Passanten ein schnupperndes Lächeln entlockten. Wehmütig dachte ich an das sommerliche röhrende Gesumme und lüsterne Gewühl in den verschwenderisch blühenden Rispen. Nein, ich riss nicht gerne ein. Wohlan, es musste sein. Mit dem tröstenden Gedanken, künftig nicht mehr im Herbst und Frühling stundenlang dran rumschneiden zu müssen, machte ich also weiter. Vorgestern wurde ich schließlich fertig und, was soll ich sagen, sogar wenn die Büsche noch gesund gewesen wären, es ist jetzt erstaunlicherweise viel schöner. Alles hat offenbar seine Zeit.

Und alles ist vergänglich. Eine bittere Lektion, an der man insbesondere im Garten nicht vorbeikommt. Da wird ja – auch wenn man von der Fauna absieht – ständig dahingestorben oder vergangen und dies mit einer Wonne, dass einem angst und bange wird. Doch nicht nur, dass sich gewisse Pflanzen gemäß ihrer beschränkten Lebenserwartung oder der Unbill der Natur geschuldet viel zu früh verabschieden, und nicht nur, dass gewisse Exemplare von uns – ich zähl mich da ganz unbescheiden

dazu – ein herrliches Talent dafür haben, stumpfsinnige Fehler zu machen, die wiederum die unangenehme Eigenschaft haben, behoben werden zu wollen, so ist beides bereits mehr als nur ein Nasenstüber für mein Bedürfnis nach »So. Dieser Bereich ist nun perfekt. Damit hast du künftig nix mehr zu tun.« Aber es geht ja noch weiter.

Nicht nur siehe oben und nicht nur wie gesagt, nein, wir wankelmütigen Menschenwesen ändern auch in unvorhersehbarer Regelmäßigkeit unseren Geschmack. Wie konnte ich bitte ahnen, dass mir profaner, inzwischen bis in den Erdkern eingewurzelter Efeu unwillkürlich keine spitzen Jauchzer mehr entlocken würde oder dass ich plötzlich einem bisher nie gekannten Farnweh erliege, ohne den Platz oder die Pinke dafür zu haben? Es steigen unweigerlich selbstzweiflerische Gedanken in einem hoch, wenn man eine gerade eingewachsene Buchshecke entfernte, stattdessen eine Lavendelhecke setzte, nach zwei Jahren rausfand, dass das dort echt nicht aussieht, und darum stattdessen wieder neue Buchsstecklinge pflanzte, um die nächstens rauszunehmen, weil der Buchsbaumpilz bald übergreifen wird. Zig weitere Beispiele hätte ich für diese verflixt und zugenähte Tatsache, dass ich heute missbilligend benaserümpfe, was ich gestern noch lodernd herbeisehnte, und umgekehrt. Es ist zum Heulen.

Immerhin sind auch Heulattacken vergänglich. Zudem werden sie mit reifendem Alter deutlich weniger. Ebenso wie die Fehler, wenigstens die dämlichsten. Sogar der geschmackliche Sinneswandel ist nicht mehr arg so quecksilbrig-oszillierend drauf wie auch schon. Und wenn mich die Vergänglichkeit doch mal wieder auf dem falschen Fuß erwischt und mir den

Boden unter selbigem wegzieht, dann hilft mir mein Nichtgärtner. Wie damals, als er mich dunkelschwarz niedergeschlagen zwischen den zwei pestbeulenverseuchten Buchskugeln vorgefunden hatte. »Hör mal, das gehört dazu. Auch wenn's weh tut, jetzt ist da Platz für Neues. Betrachte es doch als Chance.« Wie wahr. Wie beruhigend wahr. Ich hievte die letzten Lavendeläste in den Kofferraum, drehte den Zündschlüssel um und dachte beim Losfahren an meine Lieblingszeile von Hesse: »Wohlan denn, Herz, nimm Abschied und gesunde!« ■

Farnweh ist ein Neologismus meines großen Bruders, der mit Pauken und Trompeten in meinen privaten Duden aufgenommen wurde. Das Wort, nicht der Bruder. Wobei ...

Die Überschrift »Es ist alles eitel« habe ich von Andreas Gryphius geklaut, der 1637 ein Gedicht mit demselben Titel schrieb. Eitel bedeutete damals noch »vergänglich«. Und weil das Klauen solchen Spaß macht, stibitzte ich gleich noch die Zeile »Was dieser heute baut, reißt jener morgen ein«. (1637. Eben. Es geht halt allen gleich.)

Arcimboldo

ES GIBT SO MOMENTE IM LEBEN, in denen man vom Weg abkommt. Völlig unerwartet und hinterrücks überfällt einen ein einziger Gedanke und jäh ist nichts mehr wie zuvor. Einer dieser schicksalsschweren Momente widerfuhr mir damals, als ich so vor mich hin saß, die Staudenbeete betrachtete und mir selber sagte: »Jetzt im Ernst. Diese ganze Arbeit, diese Krüppelei, all die Stunden, Tage, Monate ... und das alles nur für die Augen. Ich mein, ... wenn man's wenigstens essen könnte ...« Erschrocken hielt ich inne. Es fühlte sich unangenehm versündigend an, dass ich mir so unverfroren selber in den Rücken fiel. Wie war das noch mal mit dem Schwur aus tiefster Überzeugung? So etwas wie »Egal, was auch immer sein wird: Rosen oder Gemüse werden mir nie, nie, und immernocheinesmehr nie in den Garten kommen!«. Na?

So offensichtlich ist man ungerne Verräter an der eigenen Sache, auch wenn man es inzwischen gewohnt sein müsste. Was habe ich schon Schwüre gebrochen! Dass ich mein Fahrrad, getauft nach Winnetous Pferd, bis zu meinem Ableben hegen, pflegen und benützen würde. Heute fahre ich ein Auto, nicht Karl-May-benamst, und wo das Pferd geblieben ist, weiß der Geier. Auch mache ich nicht mehr täglich den Spagat und Handstand, obwohl ich mir mit neun versprochen hatte, das noch mit neunzig zu tun (mit zehn machte ich es, glaube ich, zum letzten Mal). Und so geht das weiter.

Reichlich despektierlich zuckte ich mit der einen Schulter. Die andere konnte ruhen – rosenmäßig hatte ich den Schwur nämlich schon vor einigen Jahren gebrochen. Letzten Endes war es eh ein Weichei-Eid, da er aus purer hochnotpeinlicher Angst entstanden war: Ich hatte schlicht Schiss vor den Rosendiven und dem arbeitsintensiven Gemüse. Grübelnd besah ich die gefällig kooperativen Rosen und fällte sowohl den Schwur als auch den Entscheid. Gemüse musste her. (Es war Herbst.)

Erfahrung macht nicht unbedingt mutig, aber dafür auch nicht kopflos. So ging ich die Sache zum ersten Mal richtig fundiert an, wälzte Bücher, Websites, notierte, hirnte, radierte, rechnete, konsultierte, telefonierte, nahm ein Glas Wein, eine Zigarette und gestand meinem Nichtgärtner hochoffiziell: »Du, ich glaube, das wird nix. Das ist mir echt zu kompliziert. Da hast du die Fruchtfolge und die Haupt- und Sonstwiefrüchte und die 528 Regeln, von denen sich 259 deutlich widersprechen ... fändest du's ganz schlimm, wenn wir auch weiterhin kein eigenes Gemüse haben?« Die Antwort war in ihrer einsilbigen Klarheit nicht zu übertreffen und mit keiner anderen hätte man meinen ehrgeizigen Widerspruchsgeist so sehr anstacheln können wie mit diesem unberührten »Nö«. Gemüse musste her. (Es war Winter.)

Nun hatte ich das Problem, mit drei Hunden gesegnet zu sein, die sich mit inniger Hingabe auf alle Früchte des Bodens und die Ernte derselben spezialisiert hatten. Mit knapper Not konnte ich sie – nicht immer – auf den Spaziergängen davon abhalten, Möhren und Zuckerrüben elegant aus dem Boden zu ziehen, Kartoffeln fein säuberlich aus der Erde zu nasbuddeln, Salatköpfe, Getreideähren und Maiskolben abzuknabbern oder, sofern etwas ihrem Qualitätsempfinden nicht entsprach, schnöde ranzupinkeln. Und so begann ich mit Hochbeeten.

Hochbeete sind toll. Man kann jeden Quadratzentimeter ausnützen, darf im Stehen oder leichten Bücken säen, ausdünnen, ernten, hat kaum Unkraut und gewisse Schädlingsfliegen rammen sich die Köpfe ein, weil sie in der Regel nicht mehr als zehn Zentimeter über Boden flattern. Ganz besonders toll sind sie, wenn man sie frühlings üppig mit Kompost versorgt, um dann festzustellen, dass darin ganz offensichtlich Fantastilliarden von Schneckeneiern gewesen sein mussten. Und das überhaupt Tollste ist, dass sie einem unmissverständlich Grenzen aufzeigen, räumlich jedenfalls. Gärtner mögen in der Regel keine Grenzaufzeigereien, noch weniger als schnöde Nös. Erst recht, wenn's um Gemüsiges geht. Bereits bei der ersten selbst geernteten Kartoffel hatte ich Blut geleckt und war unrettbar dem berüchtigten *achtfältigen Gemüsedrang* verfallen: Mehr! Größer! Länger! Mehr! Besser! Mehr! Spezieller! Mehr! (Nicht zu verwechseln mit dem *vierfältigen Sonstdrang*, der sich im Ziergärtner wiederfindet: Mehr! Spezieller! Besser! Mehr!) So saß ich da, sturm- und drangvernebelt neben meinen Hochbeeten, und dachte vor mich hin. Ob ich eines der Staudenbeete?... Vielleicht? Oder ein Rasenstück? Zwei, drei, vier Rasenstücke?

Es wich der Teichfolienteich. Zu Recht, wie ich allen Unkenrufen zuvorkommen möchte. Der war nämlich schon vor mir da und überdies so schlecht angelegt, dass er danach krächzte, von Grund auf neu umgestaltet zu werden. Nun lagen in der Waagschale: Teich reloaded versus neue Gemüsebeete. Das bedauernswerte Gewässer hatte nicht den Hauch einer Chance, umso mehr, als der Bereich zugleich hundesicher als auch ästhetisch gefällig eingefriedet werden konnte. Zumindest nach zwei verlustreichen Erntejahren.

Gemüse macht glücklich. Deutlich glücklicher als ein Teich. Mich jedenfalls. Wie damals im Louvre, wo eine drängelnde Masse vor der winzig kleinen Mona Lisa stand und ich mir die Wartezeit mit den anderen Gemälden vertreiben musste, die da so rumhingen. Mein Blick blieb an herrlichen Menschenporträts aus gemaltem Gemüse und Obst hängen. Sprachlos besah ich sie mir, langsamen Schrittes vom einen zum nächsten gehend, ging zurück, schwelgte ein weiteres Mal. Die Mona Lisa war einigermaßen blickfrei, also pilgerte ich pflichtbewusst hin, warf einen schnöd-schnellen Blick drauf und kehrte gierig zu Giuseppe Arcimboldos Bildern zurück. Im nachgedunkelten Farbenrausch der Tomatenwangen verblasste das selige Frauenlächeln wie ein Teichfolienteich.

Seinen *Gemüsegärtner oder ein Scherz mit Gemüse* sah ich damals nicht. Gut so. Der hässliche Knüsselkopp könnte einen entschieden davon abhalten, selber so einer werden zu wollen. Und da man in einem Museum selten Bilder auf den Kopf dreht oder einen Handstand macht (den man eh nicht mehr hinkriegen täte), würde man vielleicht gar nicht mitkriegen, dass es sich bei diesem Porträt um das Umkehrbild einer Schüssel handelt, prallgefüllt mit Geerntetem. Ein Anblick, der jedem Gemüsegärtner unweigerlich ein seliges Lächeln auf die Lippen zaubert. So ähnlich, wie wenn man die letzten Freilandpeperoni erntet, was ich morgen zu tun gedenke. ▪

Gagaismus *obsessio*

Der herkömmliche Gartengagaismus bringt gerne abstruse, aber in der Regel harmlose Blüten hervor. Grund zur Sorge besteht nicht, sofern es dabei bleibt, grüne Unterarme herbeizusehnen oder Komposthaufen zu taufen.

Besuch

FRÜHER FREUTE ICH MICH immer riesig auf und über Gäste, konnte es kaum erwarten, bis sie endlich angekommen waren, und mochte sie nur ungern wieder ziehen lassen. Bis ich einen Garten hatte.

Gut, anfangs war das noch nicht so problematisch, ich konnte eine etwaige Schuld ja stets auf die Vorgänger schubsen, aber es dauerte nicht lange und die ersten Nöte tauchten auf. Ankündigungen wie »Jetzt muss ich dann aber wirklich mal deinen Garten sehen« lassen seitdem meine Oberlippe erzittern. Oh Gott, oh Gott. Jetzt? Jetzt? Jetzt ist immer schlecht, in (vor) mindestens zwei Wochen jedoch wäre es perfekt (gewesen). Egal, zu welchem Zeitpunkt ich gefragt werde. Irgendwann nützt auch das nichts mehr, du musst Nägel mit Köpfen machen und in den unreifen oder eben verfaulten Apfel beißen.

Nun besteht der größte Teil unseres Gästekreises aus Nicht- oder höchstens Zweidrittelgärtnern. Für sich genommen ist das ja auch gar kein Problem, wäre da nicht die eine unumstrittene Tatsache: Wir Gärtner sind halt schon reichlich seltsam, um nicht zu sagen, gaga. Einhergehend mit dem herkömmlichen Gagaismus haben wir eines verloren, was unwiederbringlich ist, die florische Unschuld nämlich. Nie wurde mir das derart bewusst wie bei unserem vorletzten Besuch. Die Woche zuvor war ich schon am Hypern. Was, bitte, bringt es, wenn ich den Leuten erkläre: »Also da, wo so Löcher sind, da wachsen wunderschöne Rittersporne, mit ganz tollen Blüten, aber die sieht man erst in etwa vier Wochen wieder. Und die Löcher um die Löcher, das waren die 22 Lobelien, die von den Hühnern gewissenhaft entfernt worden sind – eigentlich wäre da jetzt ein blaues Meer. Und dort ...«? Also musste alles rundherum proper aussehen. Rasenkanten hab ich gestochen, Platten gewischt, Verblühtes ausgeputzt, ein-, um-, ausgetopft … nach viel mehr sah es trotzdem nicht aus. Überdies fehlte mir schlicht die Zeit, die andere Hälfte des Gartens, nämlich die vor dem Haus, auch nur zu betreten. Der Kräutergarten mit noch nicht geschnittener Buchshecke war ein einziges Sodom und Gomorra, ein Tohuwabohu aus Unkraut, bereits Abgestorbenem, Rumstängelndem und Kreuz-und-Quer-Wachsendem. Von den Hängen ganz zu schweigen. Der Gehölzhang etwa. Egal, wohin man schaute, man sah nur Zaunwinden und irgendwo darunter so was wie, vermutlich, Sträucher.

»Mein Gott! Die *sehen* das doch gar nicht, mach dir nicht so einen Stress deswegen!«, meinte mein Nichtgärtner. Auf mein gegrummeltes »Aber-da-geht's-um-Ehre-und-so« kam sein »Hallo! Das sind *Nicht*-Gärtner! Die. Sehen. Das. Nicht!« Ich grummelte noch ein bisschen und tat dann so, als gäbe ich ihm recht. Nein, ich habe kein Problem damit, diese meine größte Charakterschwäche so öffentlich darzulegen. Ja, ich bin von Garteneitelkeit geschlagen, jede jätende Faser meines Körpers ist von ihr durchdrungen. So.

Der Besuch kam, macchiavellisch bereitete ich den Apero auf demjenigen Sitzplatz vor, der die beste Sicht auf den besten Teil des Gartens lenkte, geleitete die Gäste elegant und unauffällig umschweiflos dorthin und bemerkte zu spät, wie einer von ihnen sich davongeschlichen hatte, um rund ums Haus zu gehen. Meinem Nichtgärtner flüsterte ich, bar jeder Hoffnung, ins Ohr: »Du, der sieht jetzt gleich den Sündenpfuhl. Mensch. Ich mag nicht hören, was er dazu sagt.« Der Gast kam um die Ecke, setzte sich mit einem wohligen Seufzer, nahm sich ein

Aperohäppchen und verkündete: »Doch, doch. Sieht obergepflegt aus, der Garten. Kompliment!« Nichtgärtner grinste in sein Bier und ich nahm einen großen Schluck Sekt. (Ich kenne mich. Mit leerem Mund hätte ich sogleich erklärt, dass da gar nix gepflegt ist, und sorgsam auseinandergedröselt, was alles nicht ist, wie es sein sollte. Diese instinktive Reaktion konnte ich übrigens schon bei vielen anderen Gärtnern beobachten. Ich sag ja. Gaga.)

Wenn ich meinen Garten beschreiben müsste, dann, so meinte ich, böte er für verschiedene Leute – vor allem für die Kategorien Nicht- bis Dreiviertelgärtner – einiges an Interessantem, mit Süß-, Oh-, Schön- oder Wowfaktor. Doch Meinungen decken sich öfters mal nicht mit der Realität, ganz offensichtlich. Die zwei weiblichen Gäste wünschten sich einen Gartenrundgang, also wandelten wir gemächlich durch das grüne Zeug, während ich peinlich darauf bedacht war, ihren Blick möglichst auf, wie ich meinte, spezielle Dinge zu lenken. Auf alle Fälle weg von allem, was mir hätte peinlich sein können. Ich red jetzt nicht lange drumrum. Die beiden sahen viel, guckten auch viel, es kamen einige schüchterne Ohs, aber bei einem – und zwar nur bei diesem – flippten sie regelrecht aus: »Du, Nick! Was ist diese Hammerblüte dort drüben? So was Schönes hab ich ja noch nie gesehen!« Ich scannte schnell und guckte ratlos um mich. Es musste sich um was Großes handeln, Nichtgärtner sind nicht so fürs Filigran-Kleine. Die *Arisaema*? Eine der Hems? Die ›William Shakespeare‹? Die … »Nein. Dort, am Zaun.«

Und so geht's dir. Da meinst du – verblendet in deiner Eitelkeit –, du könntest Nichtgärtner mit zig Blüten flashen, aber so richtig geblitzdingst werden sie … von einer profanen Zwiebel.

Einer Zwiebel! So einer, wie man sie zum Kochen braucht! Ich mein ... ja, sicher. Die Blüte ist schön, kein Thema. Aber jetzt im Ernst. Eine Zwiebel. Sachma. Völlig verunsichert zwang ich die beiden dazu, die zwei *Arisaema*-Hammerteile genauer anzuschauen (ging bequem, weil direkt neben dem Sitzplatz im Hochbeet). Sie taten mir den Gefallen, schauten hin, sagten höflich »Ah, ja« und schwärmten weiter von dem Küchenteil. Das Frappante an der ganzen Geschichte ist ja, dass sie die Löcher um die Löcher gar nicht erst wahrgenommen hatten. Dank der Tswiebel. Versteht ihr, was ich meinte mit der verlorenen Unschuld?

Danach ging's zum Kräutergarten. Das mit dem Unkraut, der fehlenden Zeit und etcetera hatte ich dann doch noch erklärt, damit sie nicht etwa denken könnten, dass ... und weil zu viele Sektschluckereien irgendwann kontraproduktiv gewesen wären. Kräuter und Gewürze faszinieren Menschen, da muss man gar nicht viel dazu sagen. Ich kündigte ihnen darum an, sie könnten mir zu allem Fragen stellen, was sie interessiere, ansonsten würd ich mir bloß den Mund fusselig reden und sie, Gott behüte, vielleicht gar langweilen. Die Monarden vermochten kurz die Aufmerksamkeit auf sich zu ziehen und dann kam das offensichtlich Spannendste: »Die Hecke ist ja der Hammer. Das ist der Buchs, den du schon vor Jahren gesteckt hast, nicht wahr? Wie lange dauert es eigentlich, bis so was dicht zusammengewachsen ist? Wow. So lange. Schön ist der.« Eine geschlagene halbe Stunde waren wir dort unten. Der Buchs blieb Thema Nr. 1. Ich will ja jetzt nicht undankbar erscheinen, aber so ein kleines bisschen fühlte ich mich wie ein Maler, dem man anerkennend zuraunt: »Dieser Rahmen! Der Wahnsinn! Wie lange haben Sie gebraucht, um den zu finden?«

Küchenzwiebel und Buchshecke. Ächz. Nach diesem Besuch wusste ich es ein für allemal. Ich verstehe Nichtgärtner nicht (mehr).

Wurzeln

WENN MAN SICH TÄGLICH mit Wurzeln beschäftigt, klopfen früher oder später Gedanken über die eigenen an. Gerne öffne ich ihnen die Tür und lass sie mich begleiten, während ich Laub reche, Quecken zwischen Hainbuchen rausfummle, möglichst schwerelos über die regenwurmverkotete Rasenfläche zu tippeln versuche, endlich die Meerzwiebel eintopfe, an den letzten ›Rhapsody‹-Blüten schnuppere, den Velociraptoren dabei zusehe, wie sie *Salvia-verticillata*-Samenstände plündern, die unzähligen Triebe meiner *Eupatorium-rugosum*-›Chocolate‹-Hecke an Ort und Stelle kleinschnibble (und es schade finde, dass ich sie nicht stehen lassen kann, kann ich aber nicht), mich zwischendurch unter die *Wisteria* setze, nach oben äugend und mich fragend, wann sie denn gedenken möge, sich ihres Laubs zu entledigen. In welchem Substrat wurzelt diese entrückt-verrückte Obsession, die mich an einem nieselneblig verhangenen Untag an die frische Luft zieht? Gibt es einen grünen Urknall, eine gärtnerische Epiphanie, anders gesagt einen Grund dafür? Die Antwort berückt, weil sie gefällt: Natürlich.

Nun hat jeder von uns seine eigene Geschichte, wie sie oder er zum Gärtnern gefunden hat, und weil ich das so zehenkräuselnd spannend finde, horche ich stets sehr aufmerksam hin, wenn davon erzählt wird. So unterschiedlich sie auch sein mögen, bei sehr vielen spielen die Oma oder der Opa eine entscheidende Rolle. In meinem Fall waren es die Omas. Die eine lebte mehrere hundert Kilometer entfernt von mir, die andere so nah entfernt, dass sie zu meiner Zweitmama wurde, meiner »Omama« eben. Beiden eigen war etwas, was es eigentlich gar nicht gibt: ein grüner Daumen. Für mich der Unausdruck des letzten und diesigen Jahrhunderts. Jeder, der zu faul ist, seine Zimmerpflanzen mindestens zweiwöchentlich zu gießen, grinst schulterzuckend daher und meint: »Ich hab halt nicht den grünen Daumen.« Als ob es einer göttlich-musigen Inspiration bedürfte, die pflanzlich geringen Bedürfnisse zu befriedigen. Nein. Die sind schlicht zu faul, die Gießkanne in die Hand zu nehmen oder aber rauszufinden, was denn Pflanze XY lieber hätte. *Kein grüner Daumen.* Pfff. Nichtsdestotrotz, obwohl ich mich mit allen gesträubten Nacken- und sonstigen Haaren dagegen wehre ... meine Omas hatten den. Die konnten einen Steckling nur ansehen und schon wurzelte der, egal ob inter- oder nodial geschnitten, abgerupft, liegen gelassen oder sonstwie misshandelt. Überall im etwas verlotterten Haushalt (uff – mein Nicht-Haushalter-Gen wäre damit zweifach erklärt) standen diverse Behältnisse mit mehr oder weniger, aber immer mit sehr wurzelnden Ablegern drin, die – vielleicht – irgendwann eingetopft wurden. Ihre Zimmerpflanzen standen in viel zu kleinen Tontöpfen, die mit einer imposant dicken Kalkkruste versehen waren, wurden nie gedüngt, nie umgetopft und doch wucherten sie knallgesund die Wohn- und Esszimmer zu. Ja, der grüne Daumen ist etwas irreführend; zwei grüne Unterarme mit Händen dran träfe es eher.

Bei meiner Weit-weg-Oma erlebte ich, wie Gemüse auch ginge. Nie, egal wie lange ich bei ihr zu Besuch war, sah ich sie ernsthaft im Gemüsegarten arbeiten. Aber täglich konnte ich zu den schmal und eng bemessenen Reihen pilgern, fetteste, gesündeste, schmackhafteste Karotten rausziehen, sie unter dem Handpumpenbrunnen waschen und mir die Milchzähne daran ausbeißen. Oder Gurken. Oder Karotten. Da wuchs definitiv noch anderes, aber was willst du – Milchzähnestöpsel haben einen beschränkten Horizont. Nicht nur lukullisch. Leider hatte meine Omama keinen Gemüsegarten mehr, dummerweise hüpfte ich diesbezüglich ein paar wenige Jahre zu spät auf die Welt. Aber sie hatte die Unterarme. Und Kakteen. Die einzige Liebhaberei, die sie mir nicht vererbt hat. Überall, wo auch nur der kleinste Südplatz vorhanden war, standen Töpfe voller fies stachliger Dinger, die alle taten, wonach sich Liebhaber sehnen: Sie blühten. Auch die einen, die es nur alle paar Jahre tun und das netterweise auch noch dann, wenn man schon längst in den Pfühlen ratzt. Stolz wie ein Honigkuchenpferd war meine Omama, als sie mir beim Frühstück erzählte, dass die eine Königin der Nacht in der letzten geblüht hatte. Zu verschlafen war ich noch, um ihr böse zu sein, und schluckte brav mitsamt dem dick bestrichenen Zwetschgenmarmeladenbrot (aus dem eigenen Garten, die Zwetschgen) den Satz »Kinder haben in der Nacht zu schlafen. Das ist halt so«, um mich einen Monat später mit dem verwackelten Blitzfoto zu begnügen.

Ihr Garten und ihr Gärtnern waren es letztlich, die mich prägten. Ewig lange und oft saß ich vor dem Regal mit den unterschiedlichen Schraubgläsern, alle mehr oder weniger krakelig beschriftet, und bestaunte die ungereinigte Samenwunderwelt. Es befand sich in ihrem Heiligtum, ihrer ureigenen ungeheizten Unterwelt, wo sie auch Farbtuben, Leinwände und Spachtelmasse aufbewahrte, um mit ihnen überdimensionale Bilder zu schaffen. So spannend ihre Kunstwerke auch waren, die Samenschätze fesselten mich ungemein mehr. Leider habe ich nie bewusst mitbekommen, dass diese Schraubglaswunder ausgesät wurden, aber so, wie ich Omama kannte, hatte sie einfach eine Handvoll irgendwohin geschmissen und an diesem vermutlich auch noch lebensbereichisch völlig untypischen Irgendwo keimten und gediehen dann 90 Prozent.

Ich bin mir nicht ganz sicher, was von meiner Erinnerung durchs Milchglas des kleinen Stöpsels, der ich war, verfälscht ist, aber was ich ganz bestimmt weiß, ist, dass Oma einen Rosmarienbaum hatte. In einer Klimazone, in der er nach spätestens zwei Jahren die Triebe hätte strecken müssen. Gut, ein Baum war das nur von meiner damaligen Perspektive aus, aber der Rosmarin überragte mich lockerst und er war auch noch da, als ich neunzehn wurde. Ob er mich auch da überragte, vermag ich nicht mehr zu sagen; mein Hauptinteresse betraf zu der Zeit eher Menschliches. Viel, viel später, als mich plötzlich wieder vor allem Pflanzliches interessierte, las ich von einer tradierten englischen Überzeugung: Wo der Rosmarin gut wächst, haben die Frauen die Hosen an. Darum hätten – ich hoffe, es ist nicht nur Sage, weil zum Schiessen komisch – gewisse Ehemänner des Nachts die Wurzeln der zu proper gedeihenden Sträucher gekappt. Mein Opa wusste offensichtlich nichts davon. Mein Nichtgärtner braucht es nicht zu wissen: Ich habe bisher im Freiland nur drei Jahre hingekriegt, den Rest erledigten die nicht tradiert nichtenglischen Winter.

Diese beiden Männer in meinem Leben (Nichtgärtner und ebenso Opa) haben eines gemeinsam: Sie litten/leiden nicht wenig unter ihren obsessiven Partnerinnen. Meine Großeltern reisten gerne und viel und es gab keine Reise, bei der Omama nicht mindestens einen Fünftel ihres Gepäcks voll mit Stecklingen und Samen nach Hause schleppte. Für Opa oft ein ärgerlicher Anlass, sich gehörig aufregen zu müssen, vor allem über deren Beschaffung. Kichernd erzählte mir Omama, wie sie in Venedig eine abgöttisch herrliche Pelargonie entdeckt hatte und ihren Mann darum bat, die Reisegruppe bitte ein Minütchen oder so aufzuhalten, damit sie verstohlen und geschickt die besten Triebe erspähen und abreißen könnte. »Wir sind auf dem Markusplatz, so was *darf* man nicht!«, hat er anscheinend

hochroten Kopfes ausgerufen. Gelassen erspähte sie, riss ab, er polterte immer noch und einmal mehr mussten sie der Reisegruppe nachrennen. Ich sag nur: Rosmarin.

Gehe ich durch den Garten, grüße ich Omama allenthalben. Die Jungfern im Grünen, Akeleien, Primeln, Vexiernelken und ganz zuvörderst Iris, ihre Lieblingspflanze, wachsen nur deshalb, weil es sie gab. Ja, sie würden auch sonst wachsen, aber erstmalig gesetzt hatte ich sie aus purer Nostalgie. Was gäbe ich darum, könnte ich mit ihr durch meinen Garten gehen, meine Samenwundertüten mit ihr zusammen bestaunen, sie vor Freude jauchzen hören beim Anblick der *Cyclamen*-Hübschblätter – die sie, so glaube ich, aber man irrt da gerne mal, nicht hatte –, sie löchern nach ihren Tricks und Kniffen, zusehen, wie sie mit den Velociraptoren plaudert, als wären es ihre beiden Landschildkröten Josef und Josefine, und für sie ihren »Zucker mit etwas Kaffee und Milch«-Kaffee kredenzen.

Wie oft versuchte ich mich an ihren Garten zu erinnern, ging in Gedanken die Wege durch, die ich hüpfend oder träumend tausende Male beschritten hatte. Doch rechts und links davon bleibt es ein verschwommenes Wirrwarr, in dem hin und wieder Walderdbeeren aufploppen, Pfefferminze, ein Essigbaum, eine Lärche und die oben genannten Pflanzen. Aber da war doch viel, viel mehr. Was genau hatte dieser Garten, was wuchs in ihm, das in mir den Funken entzündete und mich schon im Kinderzimmer dazu verleitet hatte, alle Stellflächen mit Pflanzen zu bestücken, zu stecken und auszusäen? Vermutlich das einzig Entscheidende: einen Menschen, der ihn liebte. ▪

Murmel

WÜRDE MAN MIR mit vorgehaltener Waffe und hervorgezischt zwischen drohend gebleckten Zähnen die ultimative Wahl anheimstellen: »Nur eines im Garten darfst du behalten, der Rest wird dem Erdboden gleichgemacht. Kannst du dich nicht entscheiden, verlierst du alles!«, dann wäre meine erste Reaktion wohl eine verdutzte. Wer kommt schon auf so eine hirnrissige, ins Leere führende Drohung? Andererseits hätte ich für die Ergründung dieser Frage weder die grübelnde Zeit noch die ausreichend stählernen Nerven. Die Hände tät ich in die Höhe reißen und mit dem passenden Zeigefinger nach oben weisend stammeln: »Den Murmel, wenn's recht ist, bitte sehr.«

(Nein, tät ich nicht. Neugierig und treudoof würde ich die Hände hochreißen, um dann mit großen Augen zu meinen: »Hä?« Da es sich bei vorliegendem Bedroher aber offensichtlich um ein extrem verstört neurotisches Wesen handelt, wäre dies vermutlich nicht nur mein, sondern auch meines Gartens Ende. Zum Glück ist dies alles nur erfunden. Zurück zu Murmel.)

Jetzt im Nachhinein finde ich die Entscheidung suboptimal, aber was wollt ihr, ich stand unter Druck und reagierte irrational-unterbewusst, da haut man gerne mal daneben. Gleichwohl, auch wenn ich viel Zeit gehabt hätte, hätte ich vermutlich trotzdem den suboptimalen Murmel gemurmelt. Die Sache ist halt die. »Das Eine« wächst nicht in meinem Garten. Anders gesagt, mein Garten setzt sich aus zahlreichen Einen zusammen, die mir alle gleich lieb und teuer sind (und aus zahlreichen Anderen, über deren Verlust ich mich nur ansatzweise grämen täte). Da mir die Zeit fehlte, mir darüber im Klaren zu werden, welches Gewächs denn nun ohne Wenn und Aber am ehesten auserkoren werden sollte, wählte ich halt die Seele meines Gartens: Der Murmel ist der zweitgeborene meiner Komposthaufen und somit die goldene Mitte. Allein dass ich meine Komposthaufen beziehungsweise -mieten getauft hatte, sagt eigentlich schon alles.

Begonnen hatte das Ganze anders, nämlich eher lieblos-pragmatisch. Ich wusste zwar, dass transformierte Pflanzenabfälle ganz nützlich für den Gärtner sind – immerhin hatte ich mal Primarschulfrühlingsferien damit verbracht, bei einem Gärtner nicht nur Tagetes zu pikieren, sondern auch schubkarrenweise Kompost in den Sterilisierungsofen zu schütten –, trotzdem dienten mir die ersten zwei Rundgitter eher als bequeme und kostenlose Grünabfallentsorgung. Darüber hinaus kam mein angeborenes Talent hinzu, fast alles nicht nur gründlich, sondern auch gewissenhaft falsch zu machen. Als ich nach einem Jahr dem einen Kompostzylinder unter den Rock guckte, lief mir zur Hälfte eine schleimig-stinkige, schlonzige Masse entgegen, derweil der stänglige Rest widerspenstig in der Luft rumbockte. Super. Zum dreihundertsten Mal las ich: »Der Kompost darf nicht zu trocken sein, sonst läuft nix. Wenn er zu feucht ist, dann verfault die Chose.« Dass beides zur selben Zeit passieren kann, in verschiedenen Etagen wohlgemerkt, davon wollte niemand was wissen, weil es vermutlich nur mir Kompostdämel passieren konnte.

Nun ja. Der nächste Versuch war ein Thermokomposter, das Blättern in noch mehr Büchern und das strikte Befolgen aller hochherrschaftlichen Vererdungslehren. Das Resultat war ernüchternd, weil nur zögerlich nicht dasselbe wie vorher. »Donnerknispel«, dachte es in mir, »das kann doch nicht sein, das kriegste doch hin!« Ich warf die Bücher und den Thermoplastebehälter in die Ecke (nur metaphorisch – ich könnte nie im Leben ein Buch irgendwohin werfen), behändigte mich des gesunden Menschenverstandes, funktionierte die nutzlose, weil unbenutzte Hundebespaßungsecke in einen Von-und-zu-Kompostplatz um, kaufte Holzbretter und akkuschraubte den kubikmetrigen Erstgeborenenen. Damit es auch wirklich klappte, wurde aus dem Ding rein gedanklich ein Lebewesen gemacht, besser noch: ein Haustier. Haustiere haben für gewöhnlich Namen, also wurde rituell getauft. Von nun an ging ich nicht irgendwelche Abfälle im Kompost entsorgen, nein, ich ging zum Krümel (so sein Name) und gab ihm »Hamahama«.

Mir ist selbstverständlich bewusst, wie das rüberkommt. Klar, ich hab einen an der Murmel, aber der Erfolg gibt mir recht. Platte Regelbefolgung ist nicht dasselbe wie: »Mh. Wenn ich ihm jetzt zu viel N gebe, dann rülpst und furzt er unentwegt, der Arme, geb ich ihm zu viel C, dann verhärmt er und kriegt böse Falten. Und der freut sich doch, wenn ich ihm von ganz viel Verschiedenem gerade so viel gebe, dass er sich nicht gleich überfrisst.« Der Erstgeborene fraß, verdaute und gedieh prächtig. Es war nur eine Frage der Zeit, bis er einen Bruder bekommen sollte. Schon allein wegen der Futtermengen, die ein einziger Kompostmieterich alleine nie bewältigen kann. Kurz, inzwischen sind es auf dem Kompostplatz drei Brüder und ein bisschen weiter weg steht noch ein vierter, der keinen fantasievollen Namen kriegte, weil er nur Laub verdaut, plastethermisch daherkommt und darum schnöd »Laubkomposter« heißt.

Das alles vermag noch nicht zu erklären, warum ich bei der Eingangsfrage den stellvertretenden Murmel wählte. Und erklären muss man diese innige Verbundenheit offensichtlich. Dies merkte ich spätestens an der Reaktion unserer Besucher, denen ich bei Gartenführungen immer entweder zuerst oder – als Sahnehäubchen – zuletzt den Kompostplatz präsentierte, mit

großzügiger Armbewegung und feierlich verkündend: »Da! Ist das nicht der Wahnsinn?« Leicht betretenes Schweigen und gespielt höfliches Interesse, kulminierend in »Aha« deuteten leise darauf hin, dass ich irgendwie nicht so recht verstanden wurde, was andererseits ich irgendwie nicht verstehen konnte. In Fremdgärten frage ich schließlich immer nach dem Kompostplatz, hüpfe auf dem Weg dahin aufgeregt der fremdgärtnernden Person hinterher, in der hibbeligen Vorfreude, gleich das mehr oder weniger große Kleinod in Augenschein nehmen zu können, fragelöchere nach dem Kompostverhalten und einem eventuellen Taufnamen. »Ich glaub, ich krieg die Tür nicht zu«, dachte ich, als ich bei so einem Anlass zum ersten Mal einen gartenbesitzenden Menschen antraf, der aus eigenem Antrieb, bewusst und entschieden ohne eigenen Kompost leben wollte.

Neben der schrulligen Idee, meine Mieten mit Namen zu versehen, habe ich die noch schrulligere Angewohnheit, den fertigen Kompost nicht etwa effizient und zeitsparend mit Hilfe einer Schaufel und eines gerahmten, aufstellbaren Kompostgitters zu sieben, obwohl ich so eines von der besten Schwiegermutter aller Zeiten geschenkt gekriegt hatte – ein Erbstück, wohlgemerkt! Nein, da wird liebevollst händisch ausgelesen – das Krümelige in den Eimer, das Grobe auf die andere Miete – und sich dabei ganz viel Zeit gelassen inklusive physiotherapeutisch schweinischer Körperhaltung. Hingebungsvoll zerdrücke ich einen Klumpen und entdecke dabei eine nur leicht verrottete Avocadoschale, lege beim Graben ein Nest aus Kürbiskernen frei, ziehe an einer dünnen Rute, ziehe, ziehe und schmunzle … einmal mehr zu faul gewesen, den Weidenschnitt zu zerkleinern, stoße auf etwas Festes, lege frei und finde die fünfte Handschaufel wieder, verdrehe die Augen ob einer munter austreibenden *Muscari*-Zwiebel und betrachte ein durchlöchertes Irisrhizom von ganz Nahem.

Es ist eine Mischung aus meditativer Versunkenheit und Schatzgraberei, die ich noch viel mehr genießen kann, seit ich Velociraptoren habe. Wenn es jemanden auf diesem Erdenrund gibt, der diese selbe Faszination mit mir teilt und sie versteht, dann sind das Hühner. Und so steh ich gebückt an der Miete, ein Huhn auf meinem Rücken, mindestens eines direkt neben meinen grübelnden Händen und das letzte auf dem obersten Mietenbrett. Jede meiner Bewegungen wird penibelst verfolgt und kaum zeigt sich ein Wurm, eine Assel, ein Tausendfüßerchen, ist die lukullische Freude groß. Mitunter wird kräftig mitgeholfen und geschart, was das Zeug hält, Kompostpartikel in meinen Haaren werden umsorgend raus- und eine dreiste Konkurrentin weggepickt, es wird von beiden Seiten geguckert, -plaudert und -kichert.

Und immer wieder stoße ich beide Hände tief hinein, fülle sie mit dem schwarzen Gold und drücke meine Nase rein. Es riecht nach Heimat, nach Kindheit, nach den vielen Stunden, in denen ich im Wald rumtollte, mich auf den pilzig-moosigen Boden hinschmiss, mit den Händen über knorrige Borken strich, mit großen Augen einem ungelenken Käfer zuguckte, wie ein Äffchen kletterte und beschloss, wenn ich groß wäre, nirgendwo anders als hier zu leben, am liebsten hoch oben in der Krone eines Baumes.

So viel ich über das Kompostieren gelernt habe, so einigermaßen ich die biophysiochemischen Vorgänge dabei kenne, so widersprüchlich sehr habe ich mir das kindliche Staunen darüber bewahren können. Ich täte es gar wagen, die Behauptung aufzustellen, dass der Kompost das letzte Einzige ist mit diesem einen mirakulösen Zauber. Dass aus einem Haufen aus Kartoffelschalen, Asche, *Artemisia*-Stängeln, Kaffeesatz, Velociraptoren-Kaka, unbedrucktem Küchenpapier, gerodeter *Lysimachia* und Wasauchimmer dieses lecker riechende, krümelige Etwas wird, ist und bleibt für mich ein Wunder, das ich immer wieder neu entdecke. Das kindliche Ich klatscht sich in die Hände, das erwachsene denkt an »stirb und werde« und klatscht ebenfalls, wenn auch einen Ticken ehrfurchtsvoller.

Nee. Der Murmel ist eine formidable Wahl.

Dussligkeit stultitia

Der schussligen Dussligkeit könnte der Garaus
gemacht werden, täte man sich denn zusammenreißen.
Daran hapert's aber des Öfteren. Und so hat man
manchmal nicht nur eine, sondern gleich zwei
Schnirkelschnecken auf den Augen.

Fehlerhafte Chancen

EINE URALTFREUNDIN, die eben dran war, einen knackeneuen Garten anzulegen, wollte ich ungefragt davor bewahren, dieselben ein- und mehrfältigen Dummheiten zu begehen wie ich in den verstrichenen Jahren. Eines memorablen Tages, wir waren gerade am Telefon und plauderten über Pflanzabstände, sagte sie, hörbar augenzwinkernd: »Ach Nick, lass mich einfach meine Fehler machen. Du hattest schließlich auch die Chance dazu.« Was für eine Aussage, einfach mal so aus dem Ärmel geschüttelt! Ich hatte die *Chance*, Fehler zu machen. Saperlott, darauf muss man erst mal kommen.

Mit völlig neuen Augen blätterte ich in meinem geistigen Karteikasten mit der Aufschrift »Garten: *Beschämend*«. Einige Müsterchen davon fanden bereits Eingang in vorherige Grüntöne-Texte, andere habe ich mir noch vorbehalten, den Rest werde ich verschweigen, und wenn man mich totschlüge.

Nehmen wir eines der vorbehaltenen. Ich hatte *Viola cornuta* ›Black Jack‹ in eine Multitopfplatte pikiert, 64 waren es vermutlich, und diese mit schön durchsichtigem Deckel in einen meiner Kalten Kästen gestellt. Nun ist die Bezeichnung »kalt« insofern irreführend, als es an einem heißen Maitag auch dort ganz schön brutzeln kann. Als ich abends nach der Arbeit bei den »Hach, die sind so toll und ich hab so viele davon!«-Violen nach dem Rechten sehen wollte, waren da ein angeschmolzener Plastedeckel und darunter gerade mal noch jämmerliche zwei Schwarze Jakobs, die dem Schmelztod entrinnen konnten. Die Multitopfplatte selber sah aus wie einem Dalí-Gemälde entsprungen. So was hatte ich zum letzten Mal gesehen, als ich winters eine LP gekauft und die plastikeingetütet im Zug an die bullernde Heizung gelehnt hatte. *Chance?*

DUSSLIGKEIT

Nun. Ich hatte 62 Schwarzveilchen und eine Multitopfplatte samt Deckel weniger. Von den überlebenden zwei, die ich in den Garten pflanzen konnte, gab es im nächsten Jahr keine selbst ausgesäten Nachkommen, also hatte ich unterm Strich gar nix mehr. Vorerst. Unerwartet griff jedoch der Gärtnerschutzengel ein, der fast so gut arbeitet wie derjenige, der neben dussligen Autofahrern herfliegt und ins Steuerrad greift. Offenkundig hatte er drei Jahre später irgendwo in der Erde Samen der beiden Überlebensveilchen gefunden, sorgte für Wasser und günstige Verhältnisse und seitdem schwarzäugelt es überall immer mal wieder. Ergo ergaben sich daraus anderthalb *Chancen*, genannt Erkenntnisse: Traue nie einem Kalten Kasten, oder wenn du das mit dem Trauen einfach nicht lassen kannst, dann eher einem Schutzengel.

Dass man nie besser lernt als aus den eigenen Fehlern, mag eine gähnende Uraltschallplatte sein, dass harmlose Fehler aber den einen netten Begleitumstand haben, geht gerne vergessen: Nichts kann befreiender sein als ein herzhaftes Lachen über die eigene Dödligkeit. Wie damals bei den Steckzwiebeln, die alle einwandfrei gediehen, bis auf die eine halbe Reihe, die partout keine Anstalten machen wollte, sich auch nur irgendwie zu regen. Schlimme Mikro-/Makroorganismen, ungünstige Wetter- und Bodenverhältnisse, alles zog ich in Betracht. Fast alles. Dass ich tatsächlich imstande war, die eine halbe Reihe mit konsequenter Regelmäßigkeit verkehrt herum einzustecken, ist mir bei aller Fantasie nicht ein- und nur darum aufgefallen, weil ich beim Jäten aus Versehen eine davon aus der Erde hebelte. Ganz unerwartet zu einem Lachanfall zu kommen, gehört zu meinen Lieblings*chancen*.

Nun aber zu etwas ganz anderem, und zwar zu Fehlern, die im oben erwähnten Karteikasten nichts zu suchen haben, da ihnen jedes Beschämende fehlt. ... Außer, dass mir in diesem schreibenden Moment keiner davon in den Sinn hüpfen mochte, was mir immerhin gerade den Lacher des Nachmittags bescheren konnte. (Inzwischen sind sowohl Lacher als auch grübelnde fünf Minuten vergangen. Bin wieder voll da.) ... Zum Beispiel, dass ich zu faul war, einen autschrosa Fingerhut im blau-weißen Bereich zu entfernen, bevor da munter bienenhummelnd kreuzverunreinigt wurde. Der fehlerhaften Faulheit sei Dank habe ich nun nebst den ursprünglich ausgesäten unbefleckt weißen auch solche mit dunkelstvioletten Punktgebilden im Kelch. Hätt man das mendelig bewusst angestrebt, hätt's nie und nimmer geklappt. Oder aber die Tatsache, dass ich es bei aller noch so verkrampften Mühe und Selbstzeigefingerei auch nach etlichen Jahren immer noch nicht schaffe, restlos alle Kartoffeln zu ernten. Die übersehenen sind mir nicht etwa böse, nein, sie treiben im nächsten Jahr munter vor sich hin und bescheren mir Überraschungsernten. Das kommt nicht immer zupass, aber letztes Jahr rettete es mich vor völliger Kartoffellosigkeit – mein Pflanzerdäpfel-Zulieferer hatte mich nämlich schnöde vergessen.

Ja, doch, die Telefon-Freundin lag mehr als richtig. Noch richtiger, als sie überhaupt beabsichtigt oder geahnt hatte. Wenn es etwas gibt, das einem Menschen, der Perfektion anstrebt, drei Stacheldrahtrosen-Äste zwischen die Beine wirft, dann ist es die Flora. Da kannst du alles oberrichtig, hyperkorrekt und auf den Punkt genau machen, der stinkkommune Rhabarber will bei dir einfach nicht. Warum? Keine Ahnung. Oder die ganze Planerei. Mit den Jahren, der wachsenden Erfahrung und dem angesammelten Wissen müsste sie eigentlich die erwarteten Früchte tragen. Tut sie. Nach dem Wahrscheinlichkeitsprinzip. Oft, korrigiere: meist grätscht irgend so ein zickiger, unvorhersehbarer Faktor rein. Nicht nur mir geht es so, das würde ja einiges erklären. Nein, auch etliche Profis, denen dank ihres Wissens und der jahrzehntelangen Beschäftigung mit dem wachsenden Grün schon die blutrote Fingerhirse aus den Ohren wächst, ereilt dasselbe Schicksal. Irgendwann stehst du davor, kannst nur noch mit den Schultern zucken und ehrlich-offen eingestehen: »Keine Ahnung. / Das wusste ich nicht. / Hm. Seltsam. / Wie blöd aber auch.«

Man könnte sich nun auf den Boden werfen, die Haare raufen, mit den Beinen strampeln und das ganze Gedöns in die Luft jagen. Oder aber die – zugegeben geschickt versteckte – *Chance* darin sehen. Fehlerfreie Perfektion ist eine Asymptote. Auch so eine Uraltschallplatte, aber deutlich wahrer als die obige.

Ich bin. Das allein ist schon ein Glück. Dass ich irren darf, nein, zwingenderweise werde, ist die Chance schlechthin.

Danke, Nadja.

Erdweibchen

AUF EINEM GERUHSAMEN SPAZIERGANG wandelte ich gedankenversunken meiner Wege und war recht zufrieden. Es war herrlich windstilles Wetter, vor mir lag ein menschenleerer Feldweg und rechts flüsterte leise das riesige, bald erntereife Roggenfeld. Dass trockene Halme bei Windstille nicht zu flüstern pflegen, musste mir irgendwie entgangen sein. Ich stockte erst, als das Flüstern rhythmischer zu werden begann: »Was zur Hölle ... ist ...?«

Es hat so seine Nachteile, wenn man mit einer Prise zu viel an Fantasie ausgestattet wurde, sonst wäre mir womöglich nicht in den Sinn gekommen, dass auch an einem hellheiteren Tag wie diesem ganz unvorstellbar schreckliche Dinge passieren können. Auch auf einem Feldweg. Und ganz besonders neben mannshohem Roggen. Unwillkürlich verlangsamte ich meine Schritte und blieb schließlich stehen, als das bedrohliche Scht-scht-scht unverkennbar lauter wurde. Unheil ahnend wandte ich den Kopf. Ganz langsam. Im Augenwinkel sah ich es bereits, zwar noch weit genug entfernt, aber trotzdem schon angstpipi nah. Irgendetwas bahnte sich zielsicher den Weg zu mir ... und ich stand da wie ein Erdmännchen.

Ich möchte mich an dieser Stelle, auch wenn's nichts bringt, bei allen Horrorfilm-Opferdarstellern und -Drehbuchautoren aus tiefstem Herzen entschuldigen für Sätze wie: »Du hirnamputiertes Ding, steh nicht so schusslig da, renn! Renn!!« oder »Nein. Nicht schon wieder so 'ne dämliche Hollywood-Kreischetusse, die nur darauf wartet, geköpft zu werden. Wie kitschdoofig auch!« Ich bin weder kreischig drauf noch – soweit ich weiß – hirnamputiert, beides hinderte mich jedoch nicht daran, wie ein hypnotisiertes Nagetier die Augen weit aufzureißen, um genau zu sehen, was mich nächstens niedermetzeln würde.

DUSSLIGKEIT

Lassen wir die Panik, den Tatort und ein bisschen von der Dramatik beiseite, so widerfährt mir ein Aspekt davon in steter Regelmäßigkeit: Wie ein Erdmännlein glotzen und nichts tun; wider deutlichst besseres Wissen.

Wie etwa damals bei jenem eindrücklichen Geschehnis: Ich hatte mir eine erbleichend teure *Hemerocallis* gegönnt, behutsam das Schmuckstück gesetzt und mir schon vorgestellt, wie sie dereinst das Juwel meines einen Beetes sein würde. Zwei Tage später raste der größte Hund quer über den zarten Austrieb, um der Nachbartöle zu zeigen ... weiß auch nicht genau was, ist ja auch egal. In dramatischster Stimmung stürzte ich zum verletzten Wesen, nahm sachte die schnöd gequetschten und halb abgebrochenen Triebe in die Finger, flüsterte beschwichtigend: »Du schaffst das, Schätzelchen«, unterbrach kurz mit Donnergrollen in der Kehle: »Duuuuu! Du ... du! Morgen kommst du zum Metzger!«, und fuhr streichelzart weiter: »Verlass mich nicht! Du schaffst das, ich glaub an dich.«

Und dann passierte es (eben nicht). Jeder vernünftige Mensch hätte sofort die Hem gesichert, rein aus naheliegenden Gründen der Wahrscheinlichkeit. Ich tat es nicht. Hätte ich mir wenigstens etwas dabei gedacht wie: »Nun, ein zweites Mal rennt der sicher nicht drüber.« So dusslig der Satz ist, er hätte immerhin als Argument gedient. Oder hätte ich wenigstens einfach keine Lust gehabt, es zu tun, weil zu mühsam, anstrengend, zeitraubend. Nein, nichts von alledem. Ich tat es einfach nicht. Offenen Auges trat ich ins Taglilien-Verderben.

Die ›Purple-eyed Dragonfly‹ erlag zwei Tage später, wenige Minuten nach dem vorhersehbaren erneuten Angriff. Dass ich seither nie mehr etwas kaufte, dessen Preis mir die Farbe aus dem Gesicht treibt, nützt leider nicht viel. Die ladegehemmte Erdmännchenhaftigkeit müsste ich loswerden. (Der Hund wurde nicht geschlachtet.)

Momentan spielt sich ein sehr ähnliches Szenario mit den *Cotula* beziehungsweise *Leptinella* ›Platt's Black‹ ab. Diesen Sommer leistete ich mir 15 Stück dieser halbschattenverträglichen Fugenpflanzen. Sie täten auch bereitwillig anwachsen, aber die Velociraptoren bescharren die meisten, vermutlich in Bälde, platt zu Tode. Gemessen am Umstand, dass ich den Kauf dieser fünfzehn Schnuckels freudentaumelnd feierte, gibt die bis jetzt noch nicht erfolgte lebensrettende Maßnahme doch etwas zu denken.

Weniger eindrücklich, aber genauso erschütternd sind die alltäglichen Ladehemmungen. Da wächst ein Löwenzahn mitten auf dem Wiesenrasen. Man läuft dran vorbei, hat (so geschehen!) den Löwenzahnstecher sogar in der Hand (weil man ihn eben mal schnell an seinen Aufbewahrungsort bringen will), blickt kurz runter, denkt: »Jetzt müsste man den ausstechen«, geht unbeirrt weiter zum Gartenhaus, legt den Stecher hin und widmet sich anderen Dingen. Nicht etwa drängelnd-dringenden, einfach nur anderen. In den folgenden Wochen rupft man ständig Löwenzahnblüten aus, wenn man wieder daran vorbeigeht, und gesteht sich ein, dass das gehörig blöd ist. Im besten Fall hebt sich die Hemmung irgendwann auf, man ergreift das Werkzeug, sticht zu und ist das Ding endlich los. Ich habe so einen Löwenzahn mich auch schon satte zwei Jahre meines Lebens begleiten lassen, das soll hier nicht ungesagt bleiben. Und so geht es weiter. »Löwenzahn« lässt sich durch zig anderes ersetzen: Zaunwinden, über Wege wuchernden Kürbis, von Schnecken zerfressene Bohnenkeimlinge, anderen Pflanzen das Licht raubende Wisterienranken, … die Ersatzspieler nehmen kein Ende.

Es ist, wie es ist. Nachrückend einschieben möchte ich dazu bloß noch, dass diese Erledigungsblockaden seltsamerweise nur in meinem eigenen Garten auftreten. Sobald ich fremdgärtnere, bin ich ein mustergültiges Beispiel eines Anpackwesens. Oft, wenn ich aus einem Fremdgarten nach Hause komme, denke ich mir: »Wäre schon toll, wenn man diese Nick-Variante auch im eigenen Garten hätte.« Ich wünschte, es gäbe keinen Konjunktiv.

Scht-scht-scht. Das Geräusch kam näher, noch näher, ich fühlte mein Herz in den zweitkleinsten linken Zeh fallen, Zeit für Gedanken blieb keine mehr, meine Nebennieren schütteten nutzloses Adrenalin aus, das Getreide teilte sich sichtbar, das Ding würde nächstens auf den Feldweg stürzen, meine Beine schienen aus Blei gegossen, unpassenderweise begann mein rechtes Ohr zu jucken. Mit einem letzten, lauten Sssssssch! brach das Wesen heraus, hechelte glücklich und wandte sich selbstvergessen dem gestrigen Pipi eines anderen Hundes zu. Es war einer der meinen. Und zwar der kleinste, knuffigste, süßeste. Ich nehme es ihm bis heute übel, dass er die Dramatik der Situation, die Todesangst seiner Bezugsperson, die filmreife Szene dermaßen schnöde mit Rumschnüffeleien der niederen Art quittiert und somit ad acta gelegt hat.

Streicheleinheiten

LETZTHIN SCHLURFTE ICH selbstvergessen durch mein Kräutergarten-Labyrinth, schob mit dem rechten Fuß einen ausladend in den Weg lümmelnden Borretsch beiseite und schrie lautlos auf. Eine dunkle Masse schoss darunter hervor, sprang drei Sätze, blieb abrupt stehen, drehte sich langsam um und funkelte mich augengrün an. Ich holte mein Herz aus der linken Socke, funkelte zurück und murmelte aus tiefster schwarzer Seele: »Du! Du!!!« Bewegungslos starrte mich der schwarze Teufel an. Es ist dies der Name, den ich dem eindrucksvoll großen Katzentier gegeben hatte, nachdem es sich wiederholt und drohend meinen eierlegenden Schützlingen genähert hatte. Nach einigen Wochen stellte sich zwar heraus, dass die Annäherungen nicht meinen Eierlegern, sondern deren Futter galt, nur, meine Erbostheit wurde deswegen nicht kleiner.

Fremdkatzen im Garten sind des Teufels. Sie defäkieren und urinieren unaufhörlich, wohin sie nicht sollten, sie scharren und wälzen tot, was man gerade gesetzt hat, sie morden Eidechsen, Frösche, Vögel und hinterlassen ihren Fellabdruck auf Sitzkissen.

Aug in Aug mit dem Feind stand ich also da. Es war ein Leichtes, ihm just jetzt das Leben so zu vergällen, dass er meinen Grund und Boden nicht mal mehr dann betreten würde, wenn er mit frischem Fisch bestückt wäre. Rachsüchtig atmete ich tief ein, ging ihm langsam entgegen, bückte mich in Zeitlupe und gab mich dann so ungezügelt wie unbeherrscht dem instinktiven Wollen hin.

Das dichte, langhaarige Fell war weich, so weich und seidig fein. Ich kraulte ihn hinter den Ohren, er streckte sich wohlig, rieb seinen Kopf an meinem Schienbein, warf sich auf den Bo-

DUSSLIGKEIT

den, streckte mir Brust und Bauch entgegen, ließ sich knuddeln, als gäbe es kein Knuddelmorgen, und schaute grünverliebt in meine Augen. Ein schwarzes Engelchen war er. Ein verstandesloses Etwas ich.

Da bin ich Primate und Kuscheldödel zugleich. Instinktsicher herzen meine Finger, Hände und Arme, mitunter sogar dann, wenn ich gar nicht zum Herzen aufgelegt wäre. Es gab schon Momente, in denen ich mich dabei ertappt hatte, das Steuerrad meines Autos zu tätscheln. Etwa wenn wir gerade ein Aquaplaning oder eine Eisblase überlebt hatten oder wenn das gute Ding trotz Uraltbatterie nach dem zwanzigsten Spotzspotz doch noch auf Touren kam.

Ganz, ganz früher tat ich das und noch mehr mit dem einen öffentlichen Telephon. Das werden nun Menschen nicht verstehen, die mit einem Handy-Daumen aufgewachsen sind, darum eine kurze Erklärung: Früher hatte man nur Festnetz. In der Regel stand der einzige Apparat zu Hause mitten im Flur und der Hörer war mit diesem durch ein genudeltes Kabel verbunden, das im besten Falle zwei Meter weit reichte. Nicht genug also fürs eigene Zimmer, geschweige denn für eine abhörsicher geschlossene Türe.

Mein abhörsicherer Apparat war ein öffentlicher. Er befand sich in einer Wandnische eines historisch bemerkenswerten Durchgangs, von steinernen Bogen überwölbt. Düster und selten frequentiert. Dieses metallene Apparateding hatte mehrere Schlitze für verschieden große Geldstücke. Mit 20 Rappen konnte man immerhin mal durchklingeln und kurz »Ha...« sagen. Für das »llo!« und weitere Wörter kam's auf die Höhe des Taschengelds an.

Das Nachzahlen war nicht wirklich das Problem, das große Unterfangen bestand darin, diesen elenden Apparat dazu zu bringen, überhaupt mal willig das erste Geldstück zu schlucken. Was geholfen hatte? Einzig und allein eine innige Umarmung. Nein. Es gab keine Knöpfe an den Seiten. Auch keine vorne, die aktivierend hätten wirken können. Trotzdem. Das sture Doofmetallding fraß und verbuchte meine Franken und Rappen nur dann, wenn ich es umarmend herzte. Ich wollte nicht, aber was hätte ich tun sollen? Ich war jung, verliebt und musste telephonieren.

Ein bisschen vor der Zeit, als ich diesen öffentlichen Fernsprecher zu umarmen pflegte, hatte ich »Das geheime Leben der Pflanzen« einbandstreichelnd verschlungen. Dieser damalige Bestseller verstand es perfekt, menschliche Sehnsüchte zu befriedigen. Ja! Pflanzen lieben es, wenn man sie streichelt, mit ihnen redet, sie mögen Musik und reagieren negativ auf Aggression, Streit und darauf, dass man neben ihnen einen lebenden Hummer ins heiße Wasser wirft.

Hell begeistert hatte ich eine meiner Zimmerpflanzen dazu auserkoren, mein Experimentenliebling zu werden. Glücklicherweise befand sich mein Kinderzimmer weit weg von der Küche. Nicht dass da je ein Hummer sein Leben gelassen hätte, aber doch recht viel Salat. Und laut Buch reagierten die mit Elektroden versehenen Pflanzen sehr stark, wenn man vor ihren Augen (hust) ein Blatt einer anderen Pflanze verletzte.

Ich streichelte sie also mindestens einmal täglich – blattunterseitig, denn das täten sie anscheinend bevorzugen – und monologisierte jeden Nachmittag über so weltanschauliche Themen wie etwaige Hausaufgaben oder dass der Erich mir mit dem Ordner auf den Kopf geschlagen hatte. Den Gießakt erhob ich zu einem zeremoniellen Ritual mit viel Tamtam und Blabla. Und manchmal sang ich ihr auch was vor.

Nach zwei Wochen war sie tot. Blöd. Ich wollte es darauf schieben, dass sie die Standpauke nicht überleben konnte, die ich zwei Tage zuvor von meiner Mama erhalten hatte, und mein Geheule danach, weil ich am Samstag nicht zu Sandras Geburtstagsparty durfte. Aber tief im Innern wusste ich es besser: Es lag an mir. Irgendwas musste ich bei der Experimentanordnung übersehen haben.

»Das geheime Leben der Pflanzen« beziehungsweise Inhaltsfetzen dessen blieben über zwei Jahrzehnte lang hartnäckig in meinem Kopf hängen. Ich hatte weitere Zimmerpflanzen, irgendwann einen Balkon mit welchen drauf und letztlich einen Garten. Wenn ich es nicht vergaß, streichelte ich die eine oder andere hin und wieder – blattunterseitig, logo – und als Selbstgespräche-Mensch sprach ich auch immer mal wieder mit jeweils einer. Wenn es nicht hülfe, dann kriegte die Angesprochene immerhin eine nette Portion CO_2.

Und dann kam der eine Tag, an dem ich wieder mal ein Buch öffnete. Mit aufgeschreckt geweiteten Pupillen las ich, dass Pflanzen Berührungen nicht abkönnen. Im schlimmsten Falle – ich stockte kurz – würden sie gar daran sterben. Toll. Nachdem ich mir verinnerlicht hatte, dass Hunde Über-Schulter-Umarmungen auf den Tod nicht ausstehen können, weil sie dies als aggressive Dominanzgeste interpretieren, und mir auch noch Velociraptoren zulegen musste, die Kuschelgesten nur dann als wirklich erquicklich empfinden, wenn man über einen Schnabel verfügt (ich habe versucht, einen solchen zu imitieren und bin damit kläglich gescheitert), nahm man mir nun auch noch die Blattstreicheleien?

Das geheime Leben von Sachbüchern besteht darin, dass man ihnen glaubt. Das erste war wissenschaftlicher Schnickschnack. Das zweite verheerend verkürzt, wie ich inzwischen mehr oder weniger erleichtert feststellen konnte.

Tatsächlich gibt es Pflanzen, die man mittels Antatschereien zum Sterben bewegen kann. Die einen, weil sie sich verausgaben, wie etwa Venusfliegenfallen oder Mimosen, die anderen, weil sie dadurch so geschwächt werden, dass sie eine Nullstresstoleranz entwickeln, so der Amerikanische Hanf zum Beispiel, den ich bisher nicht mal vom Namen her kannte. Einigen geht es am grünen Popo vorbei, ob wir sie berühren oder nicht, und wieder andere mögen es anscheinend sehr, darunter das Hohe Fingerkraut oder das Echte Leinkraut. Letztere werden dadurch widerstandsfähiger und infolgedessen auch weniger von Plagegeistern belastet. Staunend betrachtete ich Filme von Gewächshauskulturen, die mittels darüber hinwegfahrender Plastikstreifen künstlich dazu gebracht werden, gedrungener und kräftiger zu wachsen.

Ganz abgesehen von meinem Streichelbedürfnis, verstehen kann ich bloß die Rühr-mich-ans. Wäre ich eine Pflanze, sagen wir ein Baum, und stünde irgendwo mitten auf einer sehr windigen Krete, auf der hin und wieder ein Rudel ... ich weiß nicht ... Hasen, Rehe, Nashörner, was auch immer dran vorbeistiebt, dann stürbe ich doch nicht einfach dahin. Logischerweise täte ich mich pflanzlich ducken, in die Breite gehen und mir eine möglichst dicke Rinde zulegen. (Hm. In letzter Zeit bin ich tatsächlich etwas in die Breite gegangen. Ob ich die mich immer mal wieder streifenden Gewächse, Tiere und Menschen mal darum bitten müsste, ihre Finger respektive Zellen von mir zu lassen?)

So richtig dankbar kann ich den Forschern nicht sein. Da sie nicht die Gnade hatten, all die Gewächse zu untersuchen, die in meinem Garten wachsen ... noch schlimmer: Keine einzige davon hatten sie bisher bedacht ..., hilft mir die neue Erkenntnis so gut wie ganz und gar nicht. Wüsste ich es, könnte ich mir zum Beispiel diese unglaubliche Schönheit von Sieben-Söhne-des-Himmels-Strauch in den Garten pfeffern. So ein *Heptacodium* wird zwar viel zu breit und hoch dafür, aber ich hätte ja ein Mittel dagegen: Ich würde ihn von klein auf streicheln und, wenn es sein müsste, immer wieder mit zehn Föhns und zwanzig Ventilatoren bewinden. Ha! Das gute Ding würde maximal drei Meter hoch und zwei Meter breit. Perfekt für den einen Platz, den ich noch frei hätte. Wer würde noch schneiden, wenn ein Befummeln denselben kleinhaltenden Effekt erzielen würde? Das zu vermarktende Potenzial wäre schwindelerregend:

Streicheln Sie sich gesund.
Eins mit der Natur dürfen Sie in meinem Garten Ihrem vorgängig erstellten Streichelprofil gemäß die für Ihre Heilung bestimmten Sträucher und Bäume liebkosen.

Erstellung des Streichelprofils: CHF 50.–

Streicheleinheit / Minute: CHF 10.–

Streichlergruppen ab 3 Personen profitieren von einem interessanten Gruppenspezialtarif

Zurück auf dem Boden und fazitierend: Ich tu so, als hätte ich noch nie ein Buch aufgeschlagen, und wenn ich, Himmelnocheinsundso, das Bedürfnis habe, ein Grüngut hinter den Ohren zu kraulen, dann kraule ich. Genüsslich.

Gestern sah ich zum Kräutergarten runter und sah den schwarzen Kuschelteufel die Wege entlangtrotten. Tja. Den werde ich definitiv nie mehr los. Wider Erwarten stimmt mich das nicht mal so traurig.

Purgatorium

JETZT MAL ANGENOMMEN, ich stürbe und gewisse Kirchenväter hätten tatsächlich recht, dann wäre es relativ unwahrscheinlich, dass ich in die Hölle käme. Schätze ich jetzt mal. Weil ich aber nicht frei von Sünde bin – da brauch ich gar nicht erst lange zu schätzen –, käme ich an einen Zwischenaufenthaltsort, und zwar ins Purgatorium. Ich möchte mich nicht im Ton vergreifen, aber mir kommt dabei immer eine Waschküche mit überdimensionaler Waschmaschine mittendrin in den Sinn, denn schließlich ist die wörtliche Übersetzung von Purgatorium *Reinigungsort*.

Die Waschküche passt für mich persönlich auch aus anderem Grund besser als die geläufige, aber meines Erachtens irreführende Bezeichnung *Fegefeuer*. Nicht nur, dass ich mich ungern in meiner aufhalte, weil sie winters zu kalt und sommers zu dunkel ist, ich befinde mich währenddessen auch in einem ständigen Zustand der Reue. Oder vielleicht eher des evolutionären Vorwurfs, der ja auch eine Art Reue ist: Hätten wir unser Fell behalten dürfen, bräuchten wir auch keine zu waschenden Teile. Aber nein, uns blieben nur klägliche Rudimente, die sich die meisten auch noch regelmäßig vom Leib reißen. Und während des Reißens? Genau. Die Reue.

Um nichts weniger als Reue geht es im Purgatorium: Aus tiefstem Herzen haben wir unsere Verfehlungen zu bereuen. Und es zu bereuen, dass wir die Gegenwart des Himmels zwar schon erahnen, aber noch nicht in denselbigen eintreten dürfen. Das Fegefeuer mag ein gutes Sinnbild für diesen Zustand sein, eine Waschmaschine im Schleudergang tut es aber, wie ich meine, ebenso.

Oder meine Gartenhütte.

DUSSLIGKEIT

Sie ist aus Holz und groß, hat einen Zementboden, elektrisches Licht und drei funktionierende Steckdosen, ein Giebeldach, ein fahles Außenlicht und eine schwarz lasierte Fassade mit Querleisten, die südwestseitig im Begriff sind, sich unaufhaltsam aufzulösen. An den dünnen Wänden sind intelligente Vorrichtungen, in die man Gartenwerkzeuge mit Stiel klemmt oder drückt, und große Nägel, auf die man Stangen legen und anderes hängen kann. Unten wie oben ist ein kleiner Spalt frei, so dass sich Vögel oberseitig und Pfefferminzen-, Efeu- und andere Ranken unterseitig hineinverirren können. Rechterhand der Türe befindet sich ein plastikerner Schrauben- und Nagelschubladensetzkasten mit Inhalten, den ich bis heute habe hängen lassen. Die Idee fand ich bestechend, bisher benutzt hatten ihn jedoch nur diverse Gliedertiere.

Hätte ich die Gartenhütte leer angetreten, wäre sie vielleicht nicht zu meinem Purgatorium geworden. Aber nein, mit dem Haus- und Gartenhüttenkauf erbten wir auch einen Wust an beeindruckenden, mehr oder weniger verrosteten Gerätschaften, deren Zweck sich mir bis heute nur fast zur Gänze erschlossen hat. Und danebst einfach nur Müll, doch der musste erst als solcher erkannt werden. »So viel Platz!«, rief ich aus, als wir die verwitterte Türe zum ersten Mal öffneten und hineinsahen, »Und so viele Werkzeuge, die ich nicht mehr kaufen muss – das ist ja himmlisch!« Zwei Jahre später war von diesem Himmel nur noch ein hustendes Wölkchen übrig. Das Gartenhäuschen war bis obenhin vollgestopft, mit Mühe konnte ich den Rasenmäher rauspfriemeln und das Verlängerungskabel finden, das in die verdreckte Steckdose gehörte. Auf der To-do-Liste stand es zuoberst: »Gartenhütte räumen.« Es verblieb da oben. Lange.

Erstaunlich, wie lange man mit Widrigkeiten umzugehen weiß. Dass man tatsächlich noch was findet in einem zusammengewürfelten Sammelsurium aus Chaos. Wie ruhig man bleiben kann, wenn man mal wieder etwas umstößt, in etwas reintritt, umfällt und beim Festhalten runterreißt.

Eines Winters wurde es mir zu bunt. Auf blütenweißem Papier zeichnete ich maßstabsgetreu den Grundriss hin und ging die Sache strategisch an. Nach zwei Wochen war das Gartenhäuschen außen mittel- und innen hui. Das Hui lag unter anderem daran, dass ich zur selben Zeit zwei Möbel zu viel hatte, die im Herrenhaus nicht mehr erwünscht waren: ein sehr langer, wackliger Schreibtisch und eine hässliche kleine Kommode. Luxusgüter für das Gartenkabuff. In die Kommode steckte ich Fressbares wie Hornspäne, Dünger, Rasensamen, nicht Stapelbares wie Vliese und Sackleinen und den Tüddelrest. Unter den Tisch kamen große Töpfe (die kleineren saßen gestapelt auf den bereits vorhandenen Regalbrettern) und sonstiger Rest; die Tischplatte blieb jungfräulich leer, damit ich dort vielleicht mal topfen würde oder so.

Und so blieb es. Drei Wochen? Vier? Egal: In kürzester Zeit sah es dort drinnen wieder aus wie bei Hempels unter fünf Sofas. Die Kommodentürchen ließen sich nicht mehr richtig schließen, die Tischplatte war übersät mit geschichteten Dingen auf drei Wackeletagen, öffnete man die Tür, musste man erst mit dem Fuß zur Seite schieben und dreimal fluchen.

Natürlich habe ich mich und mein Verhalten hinterfragt: »Wie kann es sein, dass ein mit Hirn ausgestatteter Mensch keine Ordnung aufrechtzuerhalten vermag?« Ich meine, jetzt mal im Ernst, da ackert man wie blöde, räumt auf, um und ein. Das möchte man sich doch erhalten, da ist man doch nicht Sinnens, dieses Werk in Nullkommazwinker zu zerstören. Ich bin es offenbar.

An dieser Stelle möchte ich darauf hinweisen, dass ich aus rein dramaturgischen Gründen die vier furchtlosen Aufräumearbeiten vor der großen Umgestaltung unterschlagen habe. Dasselbe gedenke ich mit den drei fruchtlosen danach zu tun. Erwähnung finden müssen sie trotz alledem. Was hiermit geschehen ist.

Vielleicht kennt, wer hier liest, den Film *Und täglich grüßt das Murmeltier*. Es ist dies ein Schenkelklopfer, eigentlich nichts anderes als eine weitere 0815-Hollywood-Produktion, aber doch fegefeurig wahr. Der mürrische Protagonist Phil durchlebt denselben skurrilen Tag wieder, wieder und wieder. Ich habe nicht nachgezählt, aber es sind etliche Wieders, an denen ihn jeden Morgen der Radiowecker mit demselben Lied (*I got you babe* von Sonny & Cher) weckt, nach dem der Sprecher zuverlässig dasselbe übers kommende stürmische Schneewetter sagt.

An diesen Film hatte ich gedacht nach dem soundso vielten Mal Aufräumen. Ohne »I got you babe«, aber mit dem Öffnen der Tür und Ausrufen: »Mein Gott, du Babe!« (*Babe* ist Schweizerdeutsch für *weiblicher Dussel*), und es ging mir dabei ähnlich wie Phil: Nach diversen fruchtlosen Selbstmordversuchen ... morgens war ja wieder alles wie gestern ... resignierte er stillschweigend. Zur Klarstellung: Nein, ich wollte mich wegen des Kabuffs nie wirklich entleiben. Aber auf den Zeiger ging mir die Situation. Und zwar gehörigst. Es folgte also Resignation.

Es gibt Momente, in denen man im Herrenhaus urplötzlich einen Kleiderschrank zu viel hat. Es sind seltene Momente, fürwahr, aber sie kommen vor. Mein Moment kam Anfang Januar vor. Nun stand ich also im Schlafzimmer, war am Aufschrauben und Auseinandernehmen und suchte verkrampft nach einem Verwendungszweck. Er musste schnell gefunden werden, ansonsten würden die Schrankteile wohl oder übel auf dem Dachboden landen. Dort wollte ich das sperrige Zeug aber nicht, weil ich im Dezember zwei hart erkämpfte Wochen damit verbracht hatte, ebendiesen Dachboden piekefein aufzuräumen (auch so ein Purgatorium).

Kniend, das Gesicht knapp über dem Boden, linsten meine Augen nach einer runtergefallenen Schraube. Als ich sie gefunden hatte, war mir klar, was zu tun war. Und so war ich kurz nach dem Zerlegen mitten im eindritteligen Ausräumen des Kabuffs, damit der Schrank vor Ort zusammengebaut werden konnte.

Ich fuhr die Schubkarre voller angerotteter kleiner Zaunpfähle zum Kompostplatz, etliche Töpfe und unzählig viel Zeug, dessen Namen ich nicht kenne. Bei der zehnten Ladung begannen dicke Flocken vom Himmel zu schweben. Das muss man sich mal vorstellen. Flocken! Den ganzen geschlagenen Winter war nix runtergekommen außer Regen, nicht mal die Ahnung von Schnee. Aber nein, an diesem milden Sonnenstrahlscheinemorgen musste er kommen. Gewartet hatte er hinterlistig, bis ich so viel rausbugsiert hatte, dass es sich nicht mehr lohnte, es wieder reinzuschubsen. *Fegefeuer* passt da wirklich nicht.

Diese Woche kam Gartenbesuch. Als Erstes steuerte der Mensch meine Kompostjungs an, um sie anzustechen und an ihnen rumzuschnüffeln. An jedem anderen Tag hätte mich das dahinschmelzen lassen, wäre ich stolz wie eine Mutter dagestanden und ganz still gewesen, um den zauberhaften Moment nicht zu zerstören. Ungeduldig aber zupfte ich ihn am Ärmel und wies ihn an, mir zu folgen: »Das *musst* du gesehen haben!« Zeremoniell öffnete ich die knarzend-ächzende Tür, rannte nach hinten zum Kleiderschrank, öffnete die rechte Tür und meinte: »Na?« Der Besuch sah sorgsam aufgestapelte Töpfchen, strikte nach Größe geordnet, jeder Quadratzentimeter aufs Äußerste ausgeschöpft, nickte anerkennend, als mir dämmerte, dass gerade er einer war, der stets (stets!) ein aufgeräumtes Kabuff sein eigen nennt.

Er hatte den Zollstock auf der Schreibtischplatte übersehen. Den hatte ich vor einer Woche gebraucht, um die Gehwegplatten im Gemüsequartier zu verlegen, die ich bis auf drei wenige erledigt hatte. Die anderen drei … nu … hatte halt keine Zeit. Werde halt in nächster Zeit keine Zeit dafür haben. Aber er liegt schon mal bereit. Das ist gut.

Genau. So fängt's an. *I … got you, babe.*

Vergleichungen

MANCHMAL HABE ICH nicht nur eine, sondern gleich zwei Schnirkelschnecken auf den Augen. Und manchmal bleiben die jahrelang drauf, bis mal eine von beiden wegkriecht, begleitet von einem laut ausgestoßenen Aha. Gärtner sind Menschen und Menschen neigen dazu, sich mit anderen zu vergleichen, die dasselbe oder zumindest etwas sehr Ähnliches machen. So gesehen sind Gemüsegärtner am meisten Menschen.

Als mein einer Vater (ich habe zwei davon) letzten Sommer beim Anblick meiner Tomatenarmee meinte: »Wir haben auch Tomatenstauden, aber nur vier davon. Ich sag dir, wir ernten schüsselweise. Schü-ssel-weise! Wir wissen schon nicht mehr, wohin damit«, sah ich drei tägliche Riesenschüsseln vor mir, jede so voller Tomaten, dass immer mal wieder eine zu Boden kullerte, und fühlte schwindelnde Blässe in mir emporsteigen. »Warum«, so böckelte es in mir, »warum ernten wir trotz der deutlich größeren Pflanzenmenge gerade mal so viel, dass uns die eingekochten Tomaten nur knapp bis Mitte Januar reichen?« Der faule Odem reinen Neides lüftelte durch mein Hirn.

Überflüssigerweise zeigte mir zwei Wochen darauf mein anderer Vater ein Foto eines Griechischen Basilikums, den er als Jungpflanze gekriegt hatte, und das auch noch ausgerechnet von mir. Ungläubig betrachtete ich das Foto, sah von diesem Busch beeindruckenden Ausmaßes auf meine eigenen, die nur halb so groß vor sich hindümpelten, und tat schlau: »Du erntest wohl nichts davon, hm?« – »Ganz im Gegenteil«, so mein Vater, »ich schneide dauernd was weg. Und zwar Mengen, sag ich dir!« Ich biss mir auf die Zunge und war schlecht gelaunt.

Im Normalfall würde man sich ja freuen für die Väter, ihnen den Erfolg gönnen, aber ich bin Gemüsegärtnerin und – wichtiger noch – die einzige Gagagärtnerin der Familie. Da freut man sich nicht. Da vergleicht man und ist sauer. Nicht auf sie, sondern auf sich. Ganz offensichtlich musste ich nicht nur etwas, sondern verdammt vieles ganz und gar falsch machen, anders wollte sich das ums Verrecken nicht erklären lassen.

Die erste Schnirkelschnecke kroch irgendwann im Dezember weg und hinterließ eine so selbsterklärende wie platte Einsicht: »Schüssel«, »schüsselweise« und »nicht mehr wissen, wohin damit« sind – so überraschend es anmutet – keine normierten Maßeinheiten. Eine Schüssel kann zehn Liter oder einen fassen; wenn man einmal pro Woche eine Schüssel füllt, geht das widerspruchslos als *schüsselweise* durch, und Menschen, die nicht täglich Tomaten verwerten, geschweige denn welche auf Vorrat einkochen, können auch mit einer bescheidenen Ernte überfordert sein. Aha.

Schwieriger wurde es beim zweiten Fall, denn dessen fotografischer Beweis wollte sich auch mit aller Mühe nicht wegargumentieren lassen. Ich musste bis zu diesem März warten, als ich auf mein erstauntes Feststellen: »Ich kann mir immer noch nicht erklären, warum dein Basilikum so groß war«, die lächerlich lapidare Antwort bekam: »Na, ich hatte da drei Stück reingesetzt.« Die Vergleichung ergab: Drei Stück sind doppelt so groß wie eines. Uff.

Schnecken pflegen sich nicht nur auf meine Augen, sondern auch mit raspelndem Appetit auf meine Pflanzen zu pflanzen. Vielen klagte ich mein Jammerleid, viele nickten wohlwissend, tätschelten mir verbal auf die Schulter und meinten: »Du musst einfach früh genug mit dem Schneckenkorn-Einsatz beginnen und gleichzeitig fleißig absammeln, dann kriegst du das hin.«

Mein anderer Vater schwärmte von der Schnipp-Methode und schwor, dass er innerhalb dreier Monate die gesamte Population auf niedlich wenige Exemplare dezimiert hätte: »Man muss halt einfach dranbleiben.« Andere, besonders feinfühlige Zeitgenossen meinten: »Schnecken? Sind bei mir kein Problem. Da bin ich echt froh, du!« Und schließlich wollte es mir mein Lieblings-Staudengärtner rundweg nicht abnehmen, dass meine Schleimer über *Salvia verticillata*, *Heuchera*, *Nepeta racemosa* ›Grog‹ und Knoblauch herfielen, um sie dem Erdboden gleichzumachen. Ich fühlte mich sehr allein, konnte nicht an meiner Wahrnehmung zweifeln und musste deshalb in Betracht ziehen, dass sich genau an dem einen Flecken auf der Erde, dort, wo sich zufälligerweise mein Garten befindet, eine furchtbar mutierte Limax-Spezies etabliert haben musste. Oder, dass ich ungerechterweise den Schnecken die Schuld in die fehlenden Schuhe geschoben hatte, denn die vergreifen sich ja anscheinend mit Vorliebe an geschwächtem, eh dem Tod geweihten Gewebe.

Es fällt mir schwer, in Worte zu fassen, wie es mir schneckentechnisch in der letzten Zeit, so rein emotional, erging. Denn ... seit Februar gibt es irgendwie so gut wie keine mehr. Ohne dass ich ein einziges blaugefärbtes Körnchen hätte streuen müssen! Alleine dieser Umstand wäre schon Geschenk genug, aber es ging noch weiter: Flach atmend stand ich vor den *Clematis*, um die von unten her neu gebildeten Triebe nicht zu erschrecken. Neue Triebe von unten! Noch nie gesehen! Wenn es gut ging, hatte der jeweils verbleibende eine Trieb irgendwo in schwindelerregender 75-Zentimeter-Höhe ein Blättchen schieben und darum überleben können. Im häufigeren Fall hatte selbst das nicht klappen wollen. Triebe von unten! Und dann bildeten sich Blüten. Blüten! Im April!!! Wenn ich früher die erste Blüte Mitte Juli hatte begrüßen dürfen, hatte ich mich bereits geadelt gefühlt. Ungläubig wankte ich die Waschbetontreppe runter und besah mir das rechte Beet. Zoomend klebte sich mein Blick an etwas Wohlbekanntem fest. Konnte es sein? Es konnte. Da, dort und dort drüben ... Ritterspornsämlinge. So was hatte ich bisher nur in Saatschalen gesehen. Auf meinem Wohnzimmertisch.

Mein Leben ist urplötzlich ein ganz anderes, weil ungemein einfacher. Musste ich früher warten, bis ein Setzling eine stattliche Größe erreicht hatte, um ihn ins Beet zu setzen, oder ihn mittels ästhetisch schmeichelhafter PET-Flaschen-Überstülpung versehen – was meistens eh für den Schneck war –, konnte ich heuer wagemutig pflanzen und direkt säen. Sehe ich zufälligerweise mal so einen Schleimer (für diesen Satz hätte ich mich noch vor zwei Jahren neidgelb gesteinigt), dann schmeiße ich ihn mit Schmackes über die Hecke. Selbst in diesen sintflutartigen Tagen wurde nur ein bisschen an den Stangenbohnen und den *Aster dumosus* genagt sowie – mit erfolgreicher Tötungsabsicht – an drei Basilikumbabys.

Zufrieden betrachtete ich die nicht nennenswerten Schäden, ging beschwingt und – ich gebe es zu – ein bisschen beschwipst (so ein Glück muss man feiern) ins Haus und wäre beinahe auf einer Hühnerausscheidung ausgerutscht. Auf Gehwegplatte. So ärgerlich der Umstand, so erfreulich die Nebenwirkung. Den Velociraptoren und nur ihnen allein hatte ich mein neu erworbenes Glück zu verdanken. Sie verschlingen nicht nur die hinterlistig-verheerenden Nanoschnecklein, sondern auch die Eigelege der Riesenschleimdinger.

Zweite Vergleichung: Raptorenkaka ist nicht überall schön, aber tausendmal besser als Schnecken.

Wir kommen zur vorerst letzten beweglichen Augenklappe. In meinen gärtnernden Jahren – das sage ich nicht ohne Stolz – habe ich inzwischen stattlich viele Kubikmeter an Erde bewegt. Pflanzlöcher wollten ausgehoben werden (und seien sie noch so klein, in der Summe summieren die sich beachtlich), Wiesen umgestochen, Erdreich von A nach B transportiert ... Ein einziger knorziger Krampf schon alleine das Raushebeln eines überalterten Löwenzahns. Aber nu, das gehörte halt dazu, nicht wahr. Den Boden muss man sich verdienen, den hat man sich mit Au und Fluch urbar zu machen, wir sind hier nicht im Schlaraffenland. Und siehe da, mit der Zeit arrangiert man sich, da und dort wachsen Muskeln, Erfahrung wie auch die Auswahl an geeignetem Werkzeug und man kriegt es dann tatsächlich hin, in einem halben Nachmittag ganze zweieinhalb Rasenquadratmeter in ein neues Pflanzbeet zu verwandeln (inklusive neckischer Auf- und Aneinanderreihung der Rasensoden zu Füßen der oberen Hecke). Zwar kurz darauf hochrot geschwitzt und mit einem fühlbaren Pulsecho in den Ohren, die Gliedmaßen fühlen sich an, als bestünden sie aus wabbeligem Pudding, aber man ist glücklich und klopft sich mit der letzten verbliebenen Kraft andeutungsweise auf die Schulter.

Das wäre alles herrlich und wunderbar gewesen, hätte ich nicht dauernd im Gartenforum, in dem ich regelmäßig lese, mitbekommen, dass andere dieselbe Arbeit mit einem lässigen Fingerschnippen und dies in einem Bruchteil meiner Zeit erledigten. Nein, die hatten keine schweren Maschinen an ihrer Seite, die kriegten das alleine mit Spaten und Händen hin. Mit aufgerissenen Augen saß ich vor dem Bildschirm und las von Leuten, die eben 1000 Frühlingszwiebeln versenkt hatten – noch vor dem Znüni! –, oder von solchen, die ... Es war zum Wegklicken.

Hätte die fette Schnecke nicht auf dem einen Auge geklebt, hätte ich es schon vor drei Jahren merken müssen. Ich war da-

DUSSLIGKEIT | VERGLEICHUNGEN

mals zu Besuch bei einer Gärtnerin, deren Hauptaufgabe darin bestand, ihren sandigen Mutterboden mittels Kompost und Mulch in ein nachhaltig pflanzenverträgliches Substrat zu verwandeln. Mit Fleiß, Verstand und Ausdauer hatte sie es hingekriegt: »Schau mal, Nick, das da war mal reiner Sand!« Sie zeigte auf den Boden und ich streckte – wie erwartet – meinen Zeigefinger rein. Er glitt durch herrlichen Humus und so sehr ich drin rumstocherte, ich kam nicht zum Sand runter. So beeindruckt von der erfolgreichen Bodenverbesserung stieß mein Zeigefinger nicht zur wesentlichen Erkenntnis, stattdessen hinkte Gevatter Neid, wenn auch großmütig, aus dem Hinterhalt hervor: »Verflucht! Jetzt arbeite ich doch schon seit Jahren daran, meinen Boden zu verbessern, auf dass die Oberschicht den erwünscht humos-fluffigen Charakter annehmen würde. Probier mal in meinen Boden einen Zeigefinger einfach so reinzustecken … kommst du tiefer als zwei Zentimeter, hast du ihn garantiert verstaucht.«

Liebevoll klaubte mir eine sehr liebe Freundin diesen Vorfrühling den großen Schnirkel vom Auge: »Du arbeitest mit fettem Lehm, wir mit reinem Sand. Wir müssen wässern und düngen wie blöde, dir bleibt das erspart, dafür biste zum Malochen verdammt. So einfach ist das«, und fügte an: »Das lässt sich nicht mal ansatzweise vergleichen.«

Es lässt sich überhaupt kein Garten auch nur ansatzweise mit einem anderen vergleichen, *so* ist das. Nicht mal in meinem eigenen Garten klappt das: Der vordere Teil, einige wenige Meter tiefer und nicht nur deswegen mikroklimatisch deutlich anders gelegen, ist immer viel schneller, je nachdem üppiger oder mickriger und, besonders bedeutsam, dort gehen meine

Raptorinnen nie hin. Außer neulich, als die zutraulichste einen gemeinsamen Spaziergang wagte. Aber das interessiert hier gerade niemanden.

Gäbe es tatsächlich Paralleluniversen und mein Garten stünde fünfmal an demselben Flecken auf diesem, jenem und anderem Planetenrund, so wären da der Velociraptoren fünfundfünfzig an der Zahl, dort hätten vor zwölf Jahren seltsame elektromagnetische Wellen *Solanum lycopersicum* zu einem üblen Unkraut mutieren lassen, eine Parallelnick hätte nur eine Seele in der Brust, eine andere hätte einen steinernen Nichtgarten, in einem dieser Gärten wüchse kein Fingerhut und in einem anderen gäbe es dressierte Gartenrotschwänze, die mittels keckernder Laute zuvor definierte Unkräuter zum Absterben bringen. (Yepp. Es sind derer sechs, nicht wie angekündigt fünf. Aber wenn es tatsächlich Paralleluniversen gibt, dann gibt es irgendwo auch eine Nick, die richtig gut zählen kann.)

Nicht mal paralleluniversalische Gärten lassen sich vergleichen. Und sei es nur, weil in einem dieser Gärten beim Anblick einer *Heuchera*blüte gehustet wurde und in allen anderen nicht. Das reicht schon. Ein einziger Wollschweberflügelschlag entscheidet über Füllhornfülle oder Dahinsiechtum. So ist das. ∎

Rausch ekstasis

Dieser Rausch lässt sich nicht antrinken noch künstlich herbeiführen; hinterrücks kommt er über einen.
Beim Jäten, genauen Hinsehen oder nach dem Mähen.
Vereinzelt soll allein der Anblick bloßer, nackig brauner Erde hierfür genügen.

Besinnungslos glücklich

WÜRDE ICH ALLE MOMENTE addieren, in denen ich verzweifelnd, grummelnd, depressiv und ganz einfach tötestens unglücklich vor Gartenelend stand und stehe (und ich meine hier ausschließlich das eigene), dann ergäbe das eine stattliche Summe. Erstaunlich, dass diese Tatsache bislang noch keinen Weg in einen eigenen Text gefunden hat. Es könnte hinwiederum auch daran liegen, dass diese Unglücksphasen innert Sekunden in herumhüpfende Jubelmomente kippen können. Nichtgärtner kann da Vierstundenopern von singen. So schlurft ein niedergedrücktes Etwas von Mensch ihm entgegen, hat gerade noch so viel Kraft, um einen Arm und an dessen Ende den Zeigefinger in Richtung des Elends Nr. 325690 zu heben und ächzend zu stammeln: »Guck dir *das* an! Ich könnt ... könnt ich!«
Der Angesprochene guckt in die stammelnd angezeigte Richtung, sieht die gleichen grünen Haufen wie an den nicht angezeigten Stellen und fragt sich still, aber angestrengt, was er nun am ehesten sagen sollte. Aus oft erlittener Erfahrung weiß er, dass mitfühlendes Schweigen die beste Wahl ist, zumal gärtnerische Sprachlosigkeit schätzungsweise höchstens eine Minute dauert, und auch nur dann, wenn es ganz besonders schlimm ist. »Meine« (siehe da, Nichtgärtner vermutete richtig) »Bodendeckerthymianstecklinge sind allesamt überwuchert worden von diesen Scheiß-Selbstversamungs-Lobularias, o.k., die sind hübsch, o.k., die duften unglaublich gut ... aber hallo? Die ganze Sauarbeit für die Katz, echt jetzt. So wird das nie ein anständiger Thymianbereich, verflucht noch mal.« Nichtgärtner hat spätestens nach dem ersten ellenlangen Wort abgehängt, wohlwissend, dass er eh nur »Xczhwerjkbnuigkab sind allesamt überwuchert worden von Kjahundwezmonfz, o.k., sie sind hübsch etc.« verstehen kann.

Und er ist schlau. Denn nachdem die erste Tirade über Kjahundwezmonfzens ergossen wurde, herrscht plötzlich ephemere Stille: »... Oh-mein-Gott! Schau mal daaa! Nein, ich *fass* es nicht!« Nichtgärtner folgt dem entrückten Blick und sieht die gleichen grünen Haufen wie zuvor. »Da ist wieder eine Walzenwolfsmilch von selber aufgetaucht! Das glaub ich jetzt nicht! Siehst du die?« Nichtgärtner kann sie nicht sehen, weil aus seiner Perspektive nichts zu sehen ist. Nichtsdestotrotz nickt er. Erleichtert.

Hätte ich auch nur ein Fitzelchen Anstand und Ehre im Leib, tät ich den ursprünglichen Titel dieses Textes ignorieren, in den nachfolgenden Zeilen eine flammende Lobeshymne auf verständnisvolle und darum gebeutelte Nichtgärtner singen und am Ende dem Kind einen anderen Namen geben: »Die Ode an NG«, zum Beispiel.

Ich hatte die Waschbetontreppe schon mal erwähnt. Sie an sich war mir schon immer ein Dorn im Auge, Stein im Popo und Anlass für Gartenelendsgefühl, aber verschwiegen hatte ich den einen Begleitumstand. Der manifestierte sich in einer Rolltreppe für Rasenmäher, Schubkarren und ähnlich zu schiebendrollende Dinge. Sprich: Links neben der Treppe führte ein Plattenweg in ca. 40-%-Steigung hinan und -ab. Den hatte ich gleich zu Beginn ad absurdum geführt, als ich Lavendel daneben gesetzt hatte. Da war kein Durchkommen mehr, nicht mal für schlängelnd flexible menschliche Beine. Als der arme Silberlaubige zum zweiten Mal demonstriert hatte, dass es dort um die Drainage nicht sonderlich bestellt sein kann, setzte ich *Aster dumosus* hin. Rechts der Treppe und links der rollenden. Nun hätte man wieder runterrollen können, hätte ich nicht die obersten zwei Platten entfernt, um dort meinen Xczhwerjkbnuig-Bereich zu erstellen. Und über Xczhwerjkbnuig schreitet man höchstens. Vorsichtigen Schrittes. Die Rolltreppe hatte ihren Sinn also mehr als verloren. Zwischenzeitlich flammte ein neuer auf, weil die Velociraptoren sie dem Waschbetonhüpfen vorzogen. Bis zu dem erheiternden Zeitpunkt, als sie rausfanden, dass ihre Krallen auf den regennassen Platten nichts ausrichten konnten und sie popovorwärts runterrutschten, um schließlich schnöd und bar jeglicher Eleganz vom unten hingestellten *Sedum*topf gebremst zu werden. (Wen es interessiert: *Sedum cauticola* ›Lidakense‹)

Die Rolltreppe hatte also ihren Zenit überschritten. Und eines sehr späten Nachmittags (man hat jahrelang Zeit dafür, aber nein, gerade heute, kurz vor Feierabend, kurz vor dem angedrohten Gewitter, da kann es keine Sekunde länger warten. Jetzt muss man da ran. Umschweiflos.) bat ich meinen Nichtgärtner, mir dabei zu helfen. »Muss das unbedingt jetzt sein?«, fragte er, guckte mir ins Gesicht ... und zuckte mit den Schultern: »Na denn, packen wir's an.« Es dauerte schätzungsweise eine Viertelstunde. Eine *Viertelstunde!* Leute, ich habe mich über diese Rolltreppe mindestens zwölf vermaledeite Jahre lang aufgeregt! Das allein versetzte mich in so ein hohes Hoch, dass ich die nackte Erde nackig lassen konnte und den nächsten Schritt auf morgen verlegte.

Am morgigen Tage versetzte ich die Astern um ein großzügiges Stückchen nach rechts. Was zu viel war, kriegte die Nachbarin, mit dem Rest füllte ich zwei neue Töpfe (naaain, ich habe fast gar keine Töpfe, naaain, ich beklage mich niemals über die elende Gießerei...) und beglückte den Komposthaufen Nr. 1.

Als ich alles ausgestochen, geteilt, neu eingesetzt und vielerlei entsorgt hatte, genehmigte ich mir ein Glas Wein, entflammte eine Zigarette, setzte mich auf den einen, sich daneben befindlichen Sitzplatz, legte die schmerzenden Füße auf den nächsten Stuhl und war dermaßen glücklich, dass ich tief nach Luft schnappen musste. Da saß ich, leicht erschöpft, nahm einen neuen Schluck, nahm einen neuen Zug, betrachtete und hätte die Welt umarmen können. Mindestens drei, in Zahlen: 3, Quadratmeter neue Pflanzfläche hatte ich mir da aufgetan. Ein wohliges Zittern durchfuhr meine Eingeweide, ein Sonnenscheinlächeln hartnäckiger Art setzte sich auf meinen Lippen fest, ich atmete tief durch, nahm einen Schluck, einen Zug, noch einen Schluck und erkannte. Das. Genau das und nichts anderes: Das ist Glückseligkeit.

An diesem Abend tat ich nichts anderes mehr. Nichtgärtner musste mich schließlich mit überredender Gewalt vom Sitzplatz entfernen. Das ist der Vorteil, wenn sich die Jahre über, in und auf einem häufen: Man erkennt echte Glücksmomente und man weiß, dass diese hinauszuzögern sind.

Und jetzt stellt euch einen normalen Menschen vor, der vor ebendieser Szenerie sitzt: Eine drei Quadratmeter große gähnend-braun-leere Fläche. Ulkig. Gibt es etwas Erhebenderes als eine leere Pflanzfläche? Aus den glattgestrichenen Erdkrümeln flüstert es verheißungsvoll: »Füll mich, bedeck mich, schöpf aus dem Vollen.« In den mit Endorphin getränkten Gedanken schwelgte ich in Lippenblütler-Sphären (denn so hatte ich das Beet ursprünglich angedacht), lang ersehnte, oft beiseitegeschobene Wünsche erwachten zu neuem Leben, ich gönnte mir mental geldscheinwerfende Einkäufe ... besinnungslos starrte ich auf die nackte Ödnis und hätte mich am liebsten darin gewälzt.

Wünsche sind inzwischen erwacht, Geldscheine rumgewirbelt, neue Pflanzen nach Hause gefahren. Behutsam, fast besinnlich legte ich die Töpfe an ihre Plätze, arrangierte um, legte neu, überdachte, legte wieder um und stach dann beherzt zu. Als ich fertig war, rief ich laut nach dem Nichtgärtner und zeigte ihm die unglaubliche Neuigkeit. »Der Hammer, nicht wahr?« Der Arme guckte angestrengt auf die zwischen den Erdlücken befindlichen Blattrosetten und meinte: »Aha.« »Das wird nächstens alles zugewuchert von Xerzhwkerjk, Ljcowrejk und Dsdfcho. Das wird der Hammer, sag ich dir!« Nichtgärtner nickte. Erleichtert.

Eigentlich wollte ich heute dort und an anderer Stelle Zwiebelblumiges versenken. Voller Tatendrang setzte ich mich auf die Popo-Aua-Treppe, um mich in Gedanken aufs Versenken zu freuen und rumzuhirnen, wo was wie. Aber dann freute ich mich so weltumarmend nicht nur darüber, dass ich es diesen Herbst geschafft hatte, mir Zwiebelpflanzen zu gönnen, sondern auch, dass ich dieselben nächstens versenken kann und werde, so dass ich besinnungslos ins Haus lief, mir den Laptop, Zigis und Wein schnappte und an diesem Text weiterschrieb. Wisse: Das Glück gilt es hinauszuzögern. Im besten Falle es auch noch zu teilen mit Menschen, die dich verstehen.

Und morgen wird es ... vermutlich regnen.

Zublühen

zu|blü|hen *(ugs.)*; der Vorgang eines aktiv blühenden Wesens (i. d. R. Pflanze), welches durch dieses Tun ein wahrnehmendes Objekt in einen entfernt paralyseähnlichen, meist sprachlosen und leicht psychedelischen Zustand zu versetzen in der Lage ist. Nicht zu verwechseln mit dem ebenfalls ugs. verwendeten Verb → zu|tex|ten.

Gerade ist es wieder passiert. Nachdem ich fertig gemäht hatte …

Wenn wir schon bei Wörtern sind: Ich schaffe es mit aller mir zu Gebote stehenden Mühe nicht, die beiden Verben »mähen« und »staubsaugen« nicht zu verwechseln, und zwar immer dann, wenn ich sie gedankenlos von mir gebe. »Ich mähe mal eben schnell das Wohnzimmer« oder »Wie soll ich bei diesem Regen staubsaugen?« sind Beispiele für gängige Sätze, die man in meiner Gegenwart oft hört, da ich beides regelmäßig zu tun genötigt bin. Anfangs fand ich es ja lustig, darum strengte ich mich auch nicht groß an, da mal geistige Hand anzulegen – immerhin wurde jedes Mal herzhaft dabei gelacht, auch von mir. Inzwischen sind schon einige Jahre vergangen und damit auch das letzte bisschen Amüsement. Noch schlimmer, es ist mir sogar schon peinlich. Hilft alles nichts. Selbst heute, ganz allein, in Gedanken und Selbstgesprächen versunken, hievte ich den Rasenmäher aus dem Gartenhaus, warf ihn an und dachte: »Dieses Staubsaugen soll ja anscheinend entspannend sein. Da puste ich aber so was von auf den Kuchen!« Ich frage mich echt, wann sich dieser sprachliche Defekt endlich mal einrenkt. Habt ihr das auch? Solch hartnäckige Wortverwechslungen? Oder bin ich da allein auf weiter Flur?

Also. Ich hatte fertig gemäht. Uff. Und es war wirklich ein Uff, nicht nur wegen des richtigen Verbs. Unter der – endlich verblühten – *Wisteria* saß ich im dankbaren Schatten und ließ den Blick schweifen. Zuerst, wie es sich gehört, über das frisch gemähte Grün (hat durchaus was von einem frisch gesaugten Teppich, wenn ich das überflüssigerweise anmerken darf) mit der dazugehörenden wohlig stolzen Freude. Eine ebene, glattrasierte Fläche tut sich vor einem auf, bei der niemand ahnen würde, wie bucklig sie in Wahrheit untendrunter beschaffen ist, abgesehen von der Maschine und der Person, die sie bedient. Herrlich. (Nicht, dass jetzt jemand achtmalklug daherkommt: Rasenmähen ist genauso entspannend wie Stauden aufbinden oder pikieren. Im Nachhinein ist alles supi.) Selbstzufrieden und ziellos rutschte der Blick von den silbrig schimmernden Grashalmkanten ab und blieb kleben. An einer *Astrantia*. Da dieses Exemplar in einem meiner Hochbeete wächst, war sie beinahe auf Augenhöhe. Die ideale Voraussetzung für ein Zublühen der klassischen Art.

Wie eine Trauermücke vor Gelbtafel starrte ich gebannt auf dieses kleine Blütenwerk. Gedanken schossen durch meinen Kopf, tief philosophische, honigsüß tropfend poetische, und beide kulminierten in einem präpubertierenden: »Boah. Menno!« (Es gibt keine anständige Sprache mehr in solch einem Moment. All die Dichter, die sich metrisch korrekt und höchst kunstvoll der Flora widmeten, taten dies im Nachhinein. Hundertpro. So pro wie die Entspannung beim Rasenmähen.) Scheinbar ungerührt stand sie weiterhin da, aber sie lockte, lockte. Halb zog sie mich, halb sank ich hin, bis ich unartgemäß leicht verbogen vor ihr stand, die erweiterte Pupille dicht vor ihrem Bauchnabel. Diese Perfektion!

Danach versagten mir jegliche Worte. Ich bestand nur noch aus Gucken. Nun fragen sich alle, die bisher noch nie zugeblüht worden sind – wovon ich bei keinem menschlichen Exemplar ernsthaft ausgehe –, ob Nick eventuell da zum ersten Mal im Leben eine Sterndoldenblüte erspähte. Nö. Das ist es ja eben. Auch ein Löwenzahn kann mich in der übernächsten Sekunde genauso zublühen und mit dem habe ich mich nun wirklich mehr als einmal beschäftigt, und zwar schon als Kind, ihn minutiös seziert, Kopfschmuck oder liebevoll gerupfte Sträuße für mich und Muttern gebastelt, den Milchsaft kunstvoll an den Hosen verewigt, gejätet, Sirup draus gemacht ... Fesselnd faszinieren kann mich alles, selbst ein blütenloser Blattaustrieb (das habe ich aber bewusst ausgespart, zu|blat|ten hat nicht so den richtigen Sound.).

Dass das Zublühen seinen Weg in mein eigenes Wörterbuch gefunden hat, liegt auch daran, dass es nicht nur einsinnig ist. Wenn ich durch den Garten gehe, sagen wir mal: gehetzt. Es ist Morgen, ich habe bloße fünf Minuten, um schnell die Velociraptoren rauszulassen, ihnen was Gutes hinzustellen und Wasser aufzufüllen. Da umweht mich justament ein Duft der anderen Art. Ungeachtet der Tatsache, dass ich gehetzt bin und jetzt wirklich, wirklich muss, treibt mich ein innerer Drang, dem Duftwunder auf den Grund zu gehen. (Nein, es ist nicht das Kotbrett.) Schnuppernd geh ich meinen Weg zurück und lande bei der ›Rhapsody in Blue‹. Gerade jetzt betört sie gelbtafelartig jeden, der sich in ihrem Dunstkreis befindet. Und da müssen die Pupillen weder geweitet noch sichtbar sein, mit geschlossenen Augen steh ich neben meiner Lieblingsrose und bin nur noch Nase.

Dem nicht genug. Ich kann auch sommergrippig naselaufend daherkommen, mit geschwollenen Augen und einer Lustlosigkeit sondergleichen, das beiläufige Händedrüberstreichenlassen bei einem Wollziest oder einem Eibisch versöhnt mich mit jeglichem Ungemach. (Zugegeben. Jetzt sind wir wieder beim Zublatten. Bitte vergesst, dass ihr diesen Abschnitt gelesen habt. Danke.)

Dieses Zublühen bewirkt einiges. Nicht nur zolle ich der einzelnen Pflanze – so klein und unscheinbar sie auch sein und scheinen mag – den Respekt, den sie verdient, für einmal wird auch nicht gewertet. Bei einer Ackerwindenblüte ziehen sich mal nicht unwillkürlich alle Herzkranzgefäße bedrohlich zusammen, nein, es öffnet sich, das Herz, und labt sich an der Freude. Und das ganze ewige Mosern über missglückte Beetgestaltungen ist verflogen, in diesem einen Moment, in dem eine sich zu Tausenden versamte, »gähn«, hundsnormale *Nigella* mich genauso in den Bann zieht wie ehedem, als ich in Omamas Garten Schmetterlingen nachgetanzt, über Essigbaumwurzeln stolpernd und am Rosmarienbaum vorbeistreichschnuppernd plötzlich innehielt: »Das ist eine Jungfer im Grünen«, erklärte mir meine Oma, als ich zu ihr rannte und sie fragedeutend anging. »Jungfer« verstand ich nicht. Aber die Perfektion.

Getan

JÄTEN – WAS FÜR EIN WORT! Lautmalerischer geht es kaum. Nicht nur, dass da ein *ä* drinsteckt, das unweigerlich an ächz oder bäh erinnert und von einigen auch unwillkürlich ausgestoßen wird, sobald dasjenige Erwähnung findet, es ist auch noch zeitintensiv in die Länge gezogen. Kein Wunder mag man's nicht. In der Regel. Die zig Menschen zum Beispiel, die in ihrer Kindheit zum Jäten gezwungen und dadurch so traumatisiert wurden, dass sie heute schon allein beim Wort »Gärtnern« (ach, guck da, auch ein *ä*) Schüttelfrost kriegen. Was für mich – je älter ich werde, desto mehr – ein Rätsel ist. Ich käme nie auf die Idee, einen willigen Erwachsenen in meinem Garten jätend sich selbst zu überlassen, geschweige denn ein unwilliges Kind. Dass etwa eine fremde Hand sich an meiner mickernden Heuchera ›Midnight Rose Select‹ vergreift … oder eine kundige an meiner Knoblauchsrauke … Schauder. Was ich damit sagen wollte: Das Jäten ist gemeinhin eine ungeliebte Tätigkeit. Punkt. Ich für meinen Teil jäte gerne.

Was ich zutiefst verabscheue, ist das »Jäten-Denken«. Das Vorbeigehen an einem Beet und (man hat jetzt wirklich keine Zeit, wirklich nicht, man ist eigentlich schon längst dran vorbei), das trotzdem unweigerliche Runtergucken und schlussfolgernde Feststellen: »Au Backe. Dieses Rudel müsste man sofort jäten. Jetzt. Morgen früh blüht das schon und spätestens mittags hat es sich versamt. Und dann hast du Tausende davon. Überall.« Ich verkrafte solche Momente bei harmlosen Undingern einigermaßen, aber ich habe ja mehr als ein Beet. Zig Beete mit zig harmlosen Undingern sind nach Adam Riese ein Tripel-Bäh. Als ob dem nicht genug wäre, zeigen einem dort und drüben auch noch viele böse Teils gerne ihre primären Geschlechtsmerkmale. Man hetzt durch den Garten – wie gesagt: keine Zeit – und sieht überall nur noch Unkraut, da können die gewollten grünen Haufen noch so groß sein, perspektivisch verkümmern sie neben einer Löwenzahnknospe oder einem zaghaft rausguckenden Ackerwindentrieb zu einem Halben-Millimeter-Mückenfurz. Und dann drängelt die Frage »Wann zur Hölle willst du das schaffen?«. Und jetzt, gerade in dieser Stimmung, meint man mit panikierender Sicherheit zu wissen: »Nie, verdammt noch mal!«

Aber man tut's. Vielleicht mal etwas zu spät, dafür im nächsten Monat oder Jahr wieder früh genug. Und schon sind wir beim Tun. Eine deutlich andere Schublade. Gut, ich spreche hier nicht von einem drei Hektaren großen Feld voller Giersch – da rutscht man stimmungsmäßig gerne in den vorherigen Abschnitt – nein, normales Vor-sich-hin-Jäten meine ich. Nie bin ich dem Boden näher, den kleinen davon- oder sonst wohin krabbelnden Tieren (mitunter ist es auch ein großes Vogeltier, das mir interessiert beim seltsam ungelenken Scharren zuschaut, oder ein Schmetterling, der mir – Idyllen-Schmelz – Luft zufächelt, oder eine Katze, die träge daliegend in sicherer Entfernung mit einem Auge blinzelt), den Stauden und Gehölzen zwischen den Unkräutern, den Stacheln und Dornen, etwaigen Glasscherben, Wäscheklammern, Plastikfetzen und sonstigen Überraschungen. Müsste ich einem frisch gebackenen Gartenbesitzer einen Rat geben, dann wär's eindeutig der: »Jäte und lerne deinen Boden erst einmal kennen, bevor du das Bepflanzen überhaupt andenkst.« Mit allen Sinnen macht man Bekanntschaft mit dem braunen Lebewesen (ja, dazu steh ich, die Scholle ist für mich ein Lebewesen). Zum Beispiel riechend. Ich liebe es, eine Handvoll Erde an die Nase zu halten und tief einzuatmen. Manchmal riecht es nach gar nix, dann wieder modrig-pilzig, mal satt-lehmig und mal ... nein, wir sind nicht im Paradies ... nach Katzenzeug.

Und eh ich realisiere, dass ich mitten in der mühsamsten Arbeit des Gärtnerns weile, überkommt mich ein Jät-Rausch. Es ist, als jäte es mit einem: Man gräbt und sticht und hebelt und zieht und gräbt und ... Weit hinten im noch letzten bisschen nüchternen Bewusstsein meldet sich eine mahnende Stimme, der man zögernd nachgibt: »Gut, noch eine halbe Stunde, dann hör ich auf.« Die halbe Stunde ist vorüber, der Rücken schmerzt, die Sehnen knarren, ach, ist doch jetzt auch egal. Nur noch schnell diese Ecke und vielleicht noch jene dort und die drüben ... Irgendwann lässt der Rausch dann doch nach, man kehrt auf die Scholle der Tatsachen zurück, steht wankend auf, drückt das Kreuz durch und besieht sich die Säcke und Kübel voll von Gejätetem, lässt den Blick schweifen und erspäht nur noch gewollte Haufen. Für sicherlich drei Tage. Was ein Gefühl!

Es tönt hier alles gewaltig nach verkitschtem Garten-Gandhi. Ich weiß. Aber da ist, wie gesagt, das »Jäten-Denken« und das hängt seine vorlaute Schnauze gar zu gerne ins »Tun«. Das vermiest einem jede sinnliche Freude, unterdrückt jeglichen Rausch im Keimstadium. Wie kannst du selig vor dich hin werkeln, wenn dein Blick dauernd auf die unendliche Unkrautsteppe vor dir oder hinter, neben, was auch immer schweift? Oder wenn du gerade eine »Plingggg«- oder »Knarks«-Wurzel nicht zur Gänze erwischt hast und du ausmalen darfst, dass das Sauteil mit rachsüchtiger Energie doppelt und dreifach so stark wieder aufersteht? Oder wenn man vor einem richtig fetten *Phlox*-Horst steht, in dessen Mitte sich ein Löwenzahn rausschlängelt? Oder wenn man gerade und versehentlich die einzige *Astrantia major* ›Hadspen Blood‹ im Garten so rausgerissen hat, wie man sich das bei den schlimmsten aller Unkräuter wünscht? Oder die Momente, in denen man schlecht gelaunt

RAUSCH | GETAN

und deswegen reichlich halbherzig (besser, man täte gar nix, aber das Wissen darum macht einen nur noch grantiger) am Unkraut rumzupfelt oder tatsächlich alles hinschmeißt und dröhnend in sich reinruft: »Ihr könnt mich alle mal!« Und zum Schluss wäre dann noch die Situation, dass man eben nicht panikierend, sondern einfach dran vorbeilatscht, weil es einem am Hintersten vorbeigeht. Habe ich irgendwo geschrieben, ich für meinen Teil täte gerne jäten?

Inzwischen habe ich mich etwas kundig gemacht, schlicht, weil es mich interessiert, und dabei rausgefunden, dass »jäten« vom althochdeutschen »jetan« oder »getan« stammt (mit Betonung auf der jeweils ersten Silbe). Sogar die Althochdeutschen haben gejätet … Ich stell mir gerade vor, wie ihre Werkzeuge beschaffen waren, und die Frage: Was war wohl Unkraut für sie? Ob die sich mit demselben Zeug rumschlugen oder es aber nutzten und dafür die sinnlosen Blümekens rausrissen? (»Was soll ich mit diesem Ding, das man dereinst mal ›Sterndolde‹ nennt? Raus damit!«) Hätt ich dreißig Leben, würde ich definitiv eines davon opfern, um die Gartenkultur zwischen 750 und 1050 n. Chr. zu erforschen, denn lassen wir mal die Betonung außer Acht, dann kann ich mich vor den Altvorderen nur verbeugen. Jäten = Getan. Wow. »Ich werde jetzt gleich *getan* tun.« Das ist obergandhisch. Da mir das bis zu ebendiesem Moment unbekannt war, pflegte ich mich mit einem äußerst platten, aber durchaus psychohygienisch wirkungsvollen Spruch zu trösten: »Wir sehen uns wieder.« Sagt das unkende Kraut zwar auch, aber ich noch mit einem Hauch an bösartigem Vernichtungswillen mehr. Nächstens wird alles anders: »Ich werde dich getan haben. Hä.« Da hätten wir dann auch wieder das *ä*.

Zoom

»Komm! schnell! Das musst du dir anschauen!« Nichtgärtner blinzelte ungemach. Wohlahnend. Hätte es sich um einen spektakulären Sonnenuntergang gehandelt oder darum, dass es der Velociraptorengockel nach einjährigem Üben endlich aufs Hausdach geschafft hatte, wäre ein frisch gefangener Hecht vor der Türschwelle gelegen oder hätte gerade ein Flashmob vor unserem Haus stattgefunden, wäre drängelnd nachgeschoben worden: »Kein Gartenzeug diesmal. Ich schwör! Komm jetzt!!«

Seufzend, denn es wurde nicht nachgeschoben, streifte er sich eine Jacke über und trottete mit nach draußen. Er wusste, was nun kommen würde, und konnte nur mit großer Anstrengung seine unbändige Vorfreude zügeln. Nick hatte mal wieder einen halben Millimeter-Austrieb von irgendwas erspäht und musste nun ums Verrecken die Freude darob mit jemandem geteilt wissen.

Es nieselschneite und ein beißender Wind pfiff ihm über und um den Kopf. Die Frau vor ihm wedelte verkehrspolizistenartig mit den Armen, um ihn an den richtigen Stehplatz zu dirigieren. »Und jetzt ... schau!« Gespannt sah sie in sein Gesicht.

»Hab ich schon gesehen.«

»Was jetzt.«

»Na, diesen ersten orange blühenden Krokus und das andere Ding in Violett.«

Ich war tief beeindruckt. Die beiden saßen nebeneinander, in ihrer Winzigkeit gänzlich verloren, geradezu verschluckt vom riesigen Beet mit seinen trockenen Staudenstängeleien. Von der Gartenautobahn aus sah man sie nur, wenn man von ihrer Existenz wusste. Und von dieser konnte man nur wissen, wenn man bewusst abgebogen war, sich vors Beet gestellt und die Augen aufgerissen hatte. Und als ob das nicht gereicht hätte, schob er andächtig nach: »Die sind wirklich sehr hübsch, hab ich schon beim ersten Mal gedacht.« Dies von einem Mann, dem es nicht auffallen würde, wenn ich ihn eines Abends mit blondierten Haaren begrüßen täte. (Was er vehement bestreitet und meint, ich würde da doch etwas gar übertreiben. Tu ich nicht, hatte bislang aber auch kein großes Bedürfnis, es mit einem Gang zum Friseur zu beweisen.)

Dieser orange-violette Vorfall brachte mich dazu, eingehender nachzudenken. Über den Blick. Wie oben schon angedeutet, konnte man von besagter Gartenautobahn aus die bunte Winzigkeit nur dann erkennen, wenn man vom Zufall erschlagen worden oder mit dem einen speziellen Blick ausgestattet war, den ich nur – doch, so elitär kann ich durchaus sein – Gärtnern zuerkenne: dem Zoom-Blick.

Dass ich zoome, ganz besonders zwischen Dezember und März, wurde mir erst so richtig bewusst, als ich mir mal vorstellte, was wohl ein etwaig beobachtender Nachbar denken mochte. Darüber, dass die seltsame Frau heute wie schon jeden geschlagenen Tag zuvor vor denselben Quadratmetern Braungrau steht, in leicht gebeugter Haltung, abwechselnd stirnrunzelnd, lächelnd oder den Kopf schüttelnd ... mi-nu-ten-lang. Und dann geht die ein paar Schritte weiter und wiederholt dieselbe Prozedur.

Nun, jeder gärtnernde Mensch weiß genau, was in diesen Minuten geschieht. Der Blick ist zuerst einmal ein schweifender. Man streift über noch nicht geschnittene Stängel, nackte Erde, Laub auf der Erde, Immer- oder Wintergrüne und bleibt an etwas Neuem kleben. Könnte es? Ist es? Es ist. Der dunkelhalmige Gruppenaustrieb, gerade mal mit der Nase über dem Erdreich, verkündet künftig süße Kroküsschen. Es ist, als hätte jemand an den Augen gedreht, denn plötzlich erhaschen sie unzählige weitere solcher, bisher geschickt camouflierter Gruppen. Wohlgemerkt: Wo man vorhin nur Graubraun gesehen hat. Dunkel steigt die Erinnerung empor ... *Leucojum aestivum*, *Narcissus triandrus* ›Thalia‹ ... die hatte ich doch irgendwo da gesetzt. Oder so. Der Blick wird schärfer und schärfer, Scheinwerfern gleich gleitet er über die Tonhumuskomplexe und wird fündig: Ha! Fünfzehn *Iris* ›Katharine Hodgkin‹, unverkennbar fett und von nobler Blässe stoßen sie ihre abgerundeten Spitzen aus dem Boden. Aber wo sind denn nun die anderen (*Leucojum*, *Narcissus* und restlichen *Iris*)?

Andere Menschen sehen einfach eine dämliche dumm und zweckfrei Dastehende, übersehen aber auch an scheinbar totem Holz die ersten Knospen, weil meistens dunkel gefärbt. Und sähen sie sie, würden sie achselzuckend dran vorbeigehen, denn sie sehen nicht, wie etwas graubraun Dunkles in zwei Wochen, einem Monat, einer halben Saison daherkommen wird. Hatte ich früher a. h. (= ante hortum) auch nicht. Wie auch.

Zoomende Gärtner stehen einfach nur da und erfreuen sich am üppigen Bild, das sich vor ihrem Geist eröffnet. Die Kusshälmchen werden sich nächstens in bunte Farbkleckse verwandeln, die verrunzelten Blättchen des *Aconitum carmichaelii*, zusammengezogenen, violett gefärbten Velociraptorenfüßen gleich, werden mit dunkelgrün glänzendem Prachtlaub und viel später mit anbetungswürdigen Helmblüten aufwarten, das Nichts dort drüben wird irgendwann im Juni austreiben, aber dafür klobrillengroße Blätter produzieren. Und so kann man vor Braungrau stehen und selig vor sich hin lächeln.

Vor einer Woche durfte ich einen Fremdgarten kennenlernen, der eine Klimazone tiefer und ein paar Kilometer nördlicher liegt als meiner. Anders als in meinem einen orange-violetten Einzelfarbenrausch passierte da noch nicht viel, wenn nicht gar gar wenig. Wir beide, die Besitzerin und ich, hatten für den Gartenrundgang eine großzügig bemessene halbe Stunde veranschlagt. Denkste. Zwei Zoomerinnen Schulter an Schulter trotzen jedem noch so eisigen Nordwind und scheinbaren Nichts. Hätte uns da jemand beobachtet, hätte dieser wohl nur noch den Scheibenwischer gemacht. Verzaubert zentimeterte ich hinter der Fremdgärtnerin her, hörte ihren Ausführungen begierig zu und löcherte sie mit Fragen. Stille herrschte beiderseits, als wir beim winterlichen Prunkgemälde angekommen waren: In zwei schmalen Parallelbeeten tanzten panaschierte *Carex* ›Ice Dance‹ anmutig halmig mit dem Wind, begleitet von dunkelgrünlaubig gelbblühenden Helleboren. Ein Anblick, der mir den Atem raubte.

Insbesondere diese Gelbblüher. Anbetungswürdig. Wobei Helleboren an und für sich immer anbetungswürdig sind. So sehr, dass ich meinen nicht nur schamlos unters Röckchen gucke, sondern sie kurzerhand köpfe. Wer mindestens eine *Helleborus*-Blüte genau, und ich meine das »genau« sehr genau, studiert hat, weiß, dass das Leben einen Sinn hat. Aus ebendiesem Grund habe ich in dieser Zeit immer eine Wasserschale, bestückt mit bunten solchen, auf Augenhöhe. Auf dem Klo. Nun gibt es Leute, die verschämt kichern, wenn man das so nonchalant erwähnt, was mir in all meinen vergangenen Lebensjahren ein Rätsel war und bis heute geblieben ist. Das Klo gehört zum Leben dazu. So. Und während ich zu diesem Sitzen genötigt bin, habe ich das dringende Bedürfnis, entweder zu lesen, zu lernen oder etwas Interessantes anzuschauen. Das eingehende Studium von wasserschalig dargebotenen Helleborenblüten gehört in alle drei Kategorien gleichzeitig. (Später im Jahr sind es gewohnheitsgemäß Pfingst- und andere Rosenblüten. Und Zeitschriften. Und Shampoo- oder andere Flaschen.)

Sie, die Hellis, sind schon überragend schön, wenn man sie nur so nebenbei mit geübtem Handgriff hochhebt und reinschaut. Hat man aber die sitzende Muße, richtig hinzuschauen, hüpft das Herz bis in den Hals, um kurz darauf ehrfürchtig in Richtung Waden zu rutschen. Die Kelchblätter, die sich geschickt als Blütenblätter tarnen, liegen da wie eine Schale, in deren Mitte sich die unter dem betrachtenden Atemhauch erzitternden Frucht- und Staubblätter von mehr oder weniger gerüschten Nektarien umringt sehen. Wunderwerke, mal getüpfelt, aquarellig farbverlaufend oder präzise umrandet ... jedes Mal entdecke ich beim Pinkeln was Neues.

Nicht auf dem Klo, sondern auf dem Romantischen Sitzplatz (so unglücklich hatte ich den einen unter der Glyzine benannt) vermochte mir meine Schwester letzten Sommer ein Zoom-Erlebnis der ganz besonderen Art zu eröffnen. Das eine sensationelle *Geranium himalayense* trug die erste Blüte in meinem Garten. Weil meine Schwester es wert war, guillotinierte ich sie kurzerhand und übergab sie ihr zum anbetenden Studium. Sie nahm sie behutsam in ihre Hand, studierte sie minutenlang, hielt sie zitternd in die Sonne und rief: »Nick, das musst du dir anschauen! Komm! ... Schnell!«

Ich drückte die Zigarette aus, eilte um den Tisch und ignorierte das empörte Gegacker von Penny, die eben zwischen meinen Füßen eine Siesta einzunehmen gedacht hatte.

Die dunkelvioletten Adern leuchteten in glitzerndem Barbie-Bling-Bling, unterlegt von einem Meer aus Weißrosa. Verzaubert schauten wir Kopf an Kopf in dieses Kaleidoskop und konnten uns nicht sattsehen.

RAUSCH | ZOOM

Man kann alleine zoomen. Keine Frage. Zu zweit ist es aber ungemein schöner: »Hammer! Sag ich dir! Gerade ist die *Iris reticulata* ›Halkis‹ aufgeblüht! Ich hau mich weg! Musst du gesehen haben!«

Nichtgärtner blinzelt ungemach. Wohlahnend.

Vergesslichkeit amnesis

Im Garten keimen sie, die Samen des Vergessens,
williger noch als Unkraut. Gärtner sind darum ständig auf
der Suche: nach Namen oder dem Verbleib von Pflanzen,
nach freien Plätzen und herbstlicher Motivation.
Mitunter mit Erfolg.

Amnesonia ›Miraculum‹

ES WAR KNAPP VOR MITTAG, ich war schon auf dem Weg in die Küche, als mein Blick auf die entfernt stehenden Tulpen fiel, die ich letzten Herbst neu gepflanzt hatte und nun so richtig fett am Blühen waren. Herrlich dunkelrot leuchteten ›Rococos‹ und ›Uncle Toms‹ zu mir rauf, da konnte das Essen noch so laut rufen, ich musste einfach schnell runter und mir die aus der Nähe besehen (ja, habe ich gestern auch gemacht. Und vorgestern. Und auch vorher. Aber die sehen schließlich jede Minute anders aus). Nachdem ich sie gebührend bestaunt hatte und dabei noch über andere Gewächse gestolpert war, die ihr Laub regelrecht nach mir reckten, damit auch sie mit einem seligen Lächeln auf dem Gesicht bewundert oder wenigstens studiert würden, fiel mein Blick – ihr kennt das – unweigerlich aufs Unkraut. Nach einer Viertelstunde verträumten Jätens dämmerte mir, dass ich doch eigentlich in die Küche wollte, und war gerade im Begriff zu gehen, als mein Blick auf eine stattliche Knoblauchsrauke fiel. Was sag ich – ein Horst war das. Was für ein Tag!

Dieses unkomplizierte Wildkraut, ich gebe es nur beschämt rumdrucksend zu, hatte ich zig Male im Kräutergarten anzusiedeln versucht, bis ich und es schließlich vor etwa sieben Jahren unter grummeligem Protest aufgaben. Und das wirklich Kuriose an der Geschichte: Der Horst stand just da, wo ich ihn dieses Jahr – hätte ich noch nicht aufgegeben – am liebsten gepflanzt hätte. Sagt mir jetzt bloß nix von wegen schlummernden Samen. Vor sieben Jahren gab es dieses Beet noch gar nicht, da wuchs bloß Unkrautwiese (ohne Knoblauchsrauke). Nun gut, als Wunder geht es nicht durch, dafür weiß ich über Biologie und Botanik leider zu viel, aber wundervoll ist es allemal.

VERGESSLICHKEIT

So wundervoll wie der von selber aufgetauchte Spitzwegerich, den ich mir so sehr gewünscht hatte und bei dem ich schlicht zu faul gewesen war, ihn irgendwo auszugraben und nach Hause zu tragen. Der nämlich kam auch von alleine. Und weil ich so Freude dran hatte, ließ ich ihn auch mindestens zwei Jahre lang munter versamen und umherwandern … Freude gereicht einem nicht zwingend zum Vorteil. Oder die Schwarze Königskerze, von der ich nicht wusste, dass ich sie unbedingt wollte, weil ich sie vor ihrem Auftauchen noch gar nicht kannte. Oder die Walzenwolfsmilch, von der ich erst drei Jahre später wusste, dass ich mich scheckig über sie freuen würde und drei Jahre lang zum Glück zu faul gewesen war, sie gen Walhalla zu schicken. Ich wiederhole mich, es ist kein Wunder. Ein Wunder wäre ein Stolpern über ein selbstangesiedeltes *Cotula squalida* ›Platt's Black‹, das Gedeihen (wir sind bei Wundern, also:) und Vermehren von *Narcissus poeticus* und *Ophiopogon planiscapus* ›Nigrescens‹, eine spontane Entmaterialisierung von *Convolvulus arvensis,* Schnecken sowie anderen Delinquenten und die Selbstbewässerung alles Neugesäten und in Töpfen Befindlichen. Nein, das lege ich ab unter »Überraschungen«, und solche Überraschungen liebe ich sehr.

So sehr, dass ich mich das ganze Jahr selber zu überraschen versuche, indem mein Unterbewusstsein gerne mal partielle Amnesien herbeiführt. So geschehen letzte Woche. Einer Freundin klagte ich mein Leid ob der letztes Jahr erworbenen und partout nicht austreibenden *Amsonia,* von der ich die Art, geschweige denn Sorte vergessen hatte. Dabei müsste die doch langsam aufs Gas drücken, wenn sie denn im Frühsommer blühen möchte, Herrschaftszeiten! Da kommt bloß Unkraut, das ich peinlich genau rausrupfe, damit das arme Blausternchen nicht irritiert wird. Am selben Morgen ging ich zur *Amsonia* und beäugte auf Knien alles, was nur entfernt grün hätte sein können. Zum ersten Mal fiel dabei mein Blick auf das Pflanzschild. »Witzig. Kann mich gar nicht erinnern, dass ich bei der *Amsonia* eines gesteckt hatte. Wie praktisch, kann ich mir doch gleich mal den ganzen Namen einprägen.« Muss ich weitererzählen? Gut, aber nur kurz. Die Amnesonia (dreißig Zentimeter weiter rechts) hatte fette knospige Triebe, während die *Calamintha sylvatica* ›Menthe‹ etliche Irritationen meinerseits hatte erleiden müssen. Das ist so gartentrottelig, dass es bloß psychopathologischen Ursprungs sein kann. Stört mich nicht weiter. Ich freu mich über den Austrieb und bin mir sicher, dass die *Calamintha* – stämmige Bergziege, die sie ist – meinen Frevel wegsteckt. (Kann mich heute überhaupt etwas stören? Nach dem Knoblauchsraukenfund?)

Zu unterscheiden davon wäre die kommune Gartendemenz, der alle früher oder später erliegen. Sie kann zu wundervollen Überraschungen führen, hat aber gerne auch mal Düsteres im Schilde. Aber davon später irgendwann mehr. Vielleicht. Heute ist uns ausgesprochen nach rein Erfreulichem zumute. Erfreulich zum Beispiel sind die anderen Überraschungen im Gärtnerdasein, die weder mit Wundern noch irgendwelcher Pathologie zu tun haben. Die jetzige Jahreszeit ist bis zum Überlaufen gefüllt damit: Jeder neue Austrieb, jede Blütenknospe, jedes Ausbreiten, Verbreitern, Erstarken, jeder Selbst- oder eigenhändig angeregte Sämling ist gefühlsmäßig ein dreitägiges Fest wert. Prosaische Menschen »pff«en und verweisen auf die Banalität der Wahrscheinlichkeit. Sollen sie. Der Tag, an dem ich mich nicht ohnmächtig-glückselig drüber freue, dass irgendein Gewächs sich aus der Erde schält oder aus den scheinbar toten Ästen frischgrüne Knospen schiebt, kann mich mal. Und so

VERGESSLICHKEIT | AMNESONIA ›MIRACULUM‹

müssen Essen oder andere, nicht so arg terminlich gebundene Vereinbarungen erst mal warten. Und zwar von Anfang Februar bis frühestens Ende Mai.

Ein Knoblauchsraukenhorst hat mich adoptiert! Hach! Ich werde ihn wie meinen Augapfel hüten. Jedenfalls wird dieses und vermutlich nächstes Jahr nichts davon geerntet, auf dass er sich versamt, samt und sonders …

Eigentlich

WOLLTE ICH SCHNELL MAL eben die im Topf wartende *Campanula* ›Sarastro‹ ins Beet setzen und hatte auch tatsächlich einen tollen Platz für sie, der nur den einen kleinen Nachteil hatte, dass er bereits belegt war. Von *Arabis ferdinandi-coburgii*, die mal ›Variegata‹, also panaschiert war. Das ist eben auch so eine Geschichte. Ich hatte tatsächlich mal Geld ausgegeben dafür und ich sage jetzt nicht, wie viele ich davon gekauft hatte, das übersteigt meine Schamgrenze, Ehrlichkeit hin oder her. Natürlich ist es nicht von vornherein schlecht, wenn sich eine Pflanze die Welt dermaßen entschlossen auf kriechendem Wege untertan machen möchte, das dürften nach meinem Geschmack sogar nicht wenige derjenigen tun, die sich bislang strikt dagegen gesträubt hatten. Aber die Gänsekresse ... ach, ich weiß nicht. Seit Jahren schreib ich jeden Frühling in mein Gartentagebuch: »Herrlich, diese *Arabis-Myosotis*-Kombi. Habe nun doch beschlossen, sie nicht rauszureißen.« Trotzdem. Die stört. Die wuchert sich in die Belange von Stauden, die mir – hier klappt's wieder mit der Ehrlichkeit – lieber sind, stängelt nach dem Blühen ärgerlich vor sich hin und ist bis zum nächsten Frühling einfach da. (Allzu böse will ich nicht sein, ich hab noch welche zu Füßen von Rosen. Da find ich die klasse.) Kehren wir zum Anfang zurück. Der obige Nachteil war darum gar nicht ein so unerfreulicher: »Höhö, Arabis dezimieren, yessap!« Also ins Gartenhaus, Füße ringend versuchen, sich einen Weg zu bahnen, damit man an den Gartensack gelangt, den man nach letztem Gebrauch mit kraftvollem Schwung reingeschmissen hatte, über eine lotterhaft in den Weg ragende Pflanzenstütze stolpern, dabei mitten auf einen vergessenen Tontopf donnern, der dann ... wie auch immer. Man schiebt seine Überreste halbherzig mit einem Fuß zur Seite, besinnt sich eines Besseren und geht auf die Suche nach Schaufel und Besen. Ich mach jetzt mal einen neuen Absatz.

Das Zeug ist inzwischen zusammengekehrt, und nachdem ich rausgefunden hatte, wohin ich es am besten kippe (Tonscherben kann man immer brauchen – vielleicht), konnte ich mir endlich meinen Lieblingsgartensack greifen. Da bin ich etwas eigen. Bei der Arbeit hantiere ich am liebsten mit den Lieblings-, egal ob Gartensack, Schere, Handschaufel ... Letztlich spielt es keine Rolle, alle Alternativen wären ebenso zweckmäßig, wobei, doch, es spielt eine ausgesprochene Rolle, denn die Alternativen hätten keine Löcher, wackelnde Griffe und Dergestaltiges. So viel zur Zweckmäßigkeit. Also. Frohgemut zurück zum Tatort. Ich mag das, dieses *Arabis*-Ausreißen. Die geben sich willig her und überdies steigt einem dabei ein eigentümlich angenehmer Duft in die Nase. Der neue Pflanzplatz wäre inzwischen bereit, aber dann erblickt man weitere *Arabis*-Tentakel zwischen der angrenzenden anderen *Campanula*. Nu ja, man ist ja eh schon dran, also säubert man noch weiter. Das dauert, immerhin will man die zarten Triebe der ›Wedding Bells‹ nicht erzürnen. Nachdem die schließlich befreit ist, steht der Gang zum Kompostplatz an. Gut gelaunt geht man rauf, sieht im Vorbeigehen kopulierende Minzenkäfer im Pfefferminzenhorst, lässt von seinem Vorhaben kurz ab und tötet sie beherzt, wenn auch mit schlechtem Gewissen. (Ich kann es drehen, wenden und abwarten, wie ich will, ihr einziger natürlicher Feind bin bislang immer noch ich. Da bleibt keine Wahl.) Neuer Absatz? Es sei.

Nachdem man noch eine Viertelstunde der Suche nach weiteren Käfern geopfert und anschließend den Inhalt des Gartensacks vooorsichtig auf dem mittleren, bereits überquellenden Komposthaufen verteilt hat, kann endlich die *Campanula* freigelassen werden. Auf dem Weg dorthin sehe ich mit zürnendem Schrecken, dass die brandneue *Corydalis* den Sch...schnecken offensichtlich deliziös mundet. Naseschnaubend mache ich mir klar, dass die indirekte Tötung sofort zu geschehen habe, denn morgen würden da bloß noch Blattgerippe rumhängen. Das Schneckenkorn ist unten, also runter, an den Staudenbeeten vorbei und kurz innehalten. Mensch, was ist die *Nepeta kubanica* ein Riesenteil! Und guck, da sind ja Blütenknospen, ei, freu! Ob ich Stecklinge nehmen soll? Gute Frage. Wäre vielleicht mal eine gute Idee, mir eine To-do-Liste für Stecklinge anzulegen, sonst denk ich erst wieder im Herbst dran. Könnte ich ja nachher gleich machen, wobei ... ach, das drängt ja jetzt nicht so.

Inzwischen habe ich vergessen, warum ich so zielgerichtet nach rechts abbiegen wollte, bin so was aber gewohnt und wende mich – wie immer in solchen Fällen – schulterzuckend nach links. Zur *Campanula*. Irgendwie ist die nicht so begeistert von der lockenden Freiheit und stemmt sich mit allen Wurzeln dagegen, aus dem bauchigen Topf zu plumpsen. Wer, bitte, kam auf die Idee, solche barocken Pflanztöpfe zu kreieren? Ich brauche keine pummelige Putte, ich brauche einen Topf, Kreuznagelundblei, aus dem man Pflanzen auch wieder rauskriegt. Dämdödel, wer die kauft und mit obendreiniger Einfältigkeit auch noch benutzt. Ich ignoriere das Eigentor großzügig, heble, klopfe und tu sonst Vergebliches. Der Unkrautstecher, genau, mit dem könnte es klappen. Allein, wo mag er sein? Ich geh mal eben zum Pflanztisch, dort befindet sich fastnormalerweise alles, was man mindestens einmal wöchentlich braucht, es sei denn, es handle sich um Gartensäcke. Freudig überrascht finde ich ihn nach einigem Wühlen tatsächlich und erspähe beiläufig das Schneckenkorn. Stimmt, da war ja was. Auf dem Weg zum Puttentopf stell ich die Tatwaffe neben die Gießkannentruppe und bin richtig stolz auf diesen Knoten im Taschentuch. Nachher werde ich mindestens zweimal dorthin müssen, die Rettung der *Corydalis* ist somit sichergestellt.

Wir kommen zum Ende. Zumindest, was diesen Text betrifft. Die *Campanula* fand unter beiderseitigem Zwingen, Zwängeln und Ächzen an ihren neuen Platz, sie wurde auch angegossen, genauso wie die Steck- und Sämlinge in den Kalten Kästen (wer am lautesten welkt, trinkt zuerst) sowie die leiser Welkenden an anderen Orten. Der leere Bauchige wurde gleich wieder neu bepflanzt. So ein leerer Topf inmitten der Topfgruppe … nee. Bauch hin oder her.

Am nächsten Tag suchte ich das Schneckenkorn auf dem Pflanztisch, weil die Myrtenastern sonst nicht länger als einen Tag aus der Erde gucken würden, und fand es schließlich. Ihr wisst.

Was bin ich?

ES GIBT MOMENTE, in denen man zu zweifeln beginnt an unserer naturwissenschaftlichen Erklärung dieser Welt. Nichts davon gibt auch nur den kleinsten Hinweis darauf, warum um alles in der Welt eine stattliche Staude im Frühling plötzlich nicht mehr dort wächst, wo man sie letzten Herbst gesetzt hat. Noch übler: Irgendwie wächst sie gar nirgends mehr. Natürlich denkt man zuvörderst immer an Schnecken, aber bevor die raspeln können, muss erst mal schüchtern was rausgucken. Außerdem sind gärtnernde Menschen nicht aus Hornspänen – die können Nichtwachsendes oder Nichtvorhandenseiendes von Runtergeraspeltem unterscheiden.

Und so verbrachte ich den gesamten Frühling damit, die verschollene *Campanula* zu suchen. Gefunden habe ich sie letztlich in einem bauchigen Topf – welch Erleichterung – und sie gleich darauf ins Beet gesetzt. Dass eine Pflanze einfach mal so eben verschütt gehen kann, hatte mich zutiefst verstört, sogar noch mehr als die Tatsache, dass ich bis zum obigen Moment keine Ahnung hatte, was da im diesem Topf so vor sich hin wuchs. Der Seelentrost war darum ein steinepurzelnd großer. Die Welt ließ sich wieder erklären, wie es sich gehört, Gott oder so sei Dank!

Tja. Vorgestern beäugte ich zum zigsten Male die vermeintlich Verschüttete und musste meinem Bauchgefühl recht geben: Sorry. Eine *Campanula* ist das nicht, da kann man drehen, langziehen und wenden, wie man möchte. Es hirnte wieder, Erinnerungen ans letzte Jahr ploppten auf, und dann hatte ich's endlich: Genau. Ich hatte einen Sämling gekriegt, nicht gewusst, wohin, und darum im Topf zwischengeparkt. *Adenophora* heißt die Dame, und so aus dem Ärmel geschüttelt, tät ich auf *confusa*

VERGESSLICHKEIT

tippen (wie überaus stimmig). So weit, so überhaupt nicht gut. Sagt mir wo, wo ist die *Campanula*? Sollte ich sie dereinst wiederfinden, werde ich getreulich berichten. Bis dahin möchte ich mich zum *Adenophora*-Phänomen äußern.

Als Kind liebte ich die Sendung, in der ein gewisser Robert Lembke einem Rateteam eine Person vorstellte, deren Beruf es mit Hilfe einer typischen Handbewegung rausfinden musste. Die Person handbewegte also typisch, dann mussten die Rater blickdichte Augenmasken überstreifen, es ertönte ein Gong und für uns Zuschauer wurde die Lösung eingeblendet: »Rindvieh-Besamer« (ich frage mich gerade, ob eingeblendet wurde, oder ob der Lembke ein Schild hinhielt – Letzteres würde die Augenversteckerei erklären ... egal). Die Rater rieten also und jedes Mal, wenn sie daneben lagen, wurde eine Münze ins Porzellanschweinchen der Berufsperson gesteckt. Hui, das war lustig. Ganz besonders dann, wenn das beeindruckend schlaue Rateteam bis zum Schluss keinen Plan hatte.

Schadenfreude rächt sich früher oder später. Inzwischen gehöre ich zum Rateteam, die Handbewegung ist ein Blatt, seltener eine Blüte, im schlimmsten Fall ein Sämling. Außerdem bin ich bei weitem nicht so schlau wie die Herrschaften damals. Gut, eine Ausnahme nebst zwei oder drei Glückstreffern gibt es: Nicht ohne Stolz darf ich hier rumposaunen, dass ich einmal, allein anhand des botanischen Bestimmungsschlüssels (das höllischste Sudoku ist oberpipifaxig dagegen – *Blüten mit 4 grünen Kb. Staubb. 4; Gr. 1, mit kurzer, kopfiger oder 2- bis 4-teiliger N.* etc.), eine Kornrade als solche bestimmt hatte, bevor da was von Blüten zu sehen war. Da hätte ich mir echt ein goldenes Schweinderl verdient. Wie ich finde.

Die güldenste Sau ist und bleibt aber den richtig guten Gartenforen vorbehalten, machen wir uns nix vor. Da stellt jemand ein verwackeltes Schummerbild eines halb erwischten Blattes ein, und spätestens fünf Minuten danach kommt: »Ich meine, das müsste *Lycopus europaeus subsp. mollis* sein.« Zur fast selben Zeit kommt bereits der nächste Post: »Irgendein Wolfstrapp.« Und kurz darauf wird dieser ändernd ergänzt: »Hihi, xy, da waren wir ja fast gleichzeitig, grins. Wieder mal, sonnenbrillengrins.« Und ich sitze da, lese mit dämlich stierem Blick nach und wusste bislang nicht mal, dass Wölfe auch pflanzlich rumtrappen können. Was ich bin? Eindeutig: ein Pflanzenfindungsloser, in jeglicher Hinsicht. (Gemeint hatte ich die englische Variante, also »der Loser«, aber überraschenderweise hat das Wort auch auf Deutsch eine zutreffende Bedeutung, wenigstens für Männer. Ei, wie schön.)

Und Selbstüberzeugungstäterin. Das richtige Herausfinden scheitert bei mir sehr oft daran, dass ich fälschlicherweise davon ausgehe, dieses »Was bin ich« könne nichts anderes sein, als ... eben nicht das, was es ist. Als der erste Klatschmohn bei mir auftauchte, dachte ich allen Ernstes, es handle sich dabei um eine seltsam mutierte Akelei. Weil logisch. Einen halben Meter weiter nämlich wuchsen ganz viele davon, die ich seit damals zwei Jahren rumsamen ließ, wie sie gerade lustig waren. Wenigstens konnte die mutierte Form nicht lange das Rumpelstilzchen machen, die entlarvende Blüte belehrte mich kurz darauf eines beschämenden Besseren. Die erste Überraschungskartoffel war auch so ein Ding – ich taufte sie damals provisorisch »komisches, vermutlich übles Unkraut«. Es kann nicht sein, was nicht sein darf, bis es größer wird oder halt eben blüht, dann kann plötzlich ganz viel.

So richtig lustig wird's, wenn man Pflanzen und damit auch Erde aus Fremdgärten kriegt. Solange die Überraschungen (oh,

schau, ein Winterling, wie nett! – ach, ein Zaunwindelchen, willkommen im Club) gleich neben der geschenkten Pflanze auftauchen, ist alles im grünen Bereich. Wehe, ein Teil der mitgebrachten Erde gerät irgendwo anders hin, im schlimmsten Fall in einen anderen Topf. Das passiert hinwiederum gerne mal und schon blamiert man sich einmal mehr bis auf die Knochen, weil man den Sämling bei einem Pflanzentausch wieder mal logisch deduziert, also selbstüberzeugerisch falsch, angepriesen hatte. Und sich der Betauschte über das Richtige richtig gefreut hätte. Ähm, das Falsche. Mensch. Einfach über das, was es dann eben nicht war.

Manchmal, wenn ich »Was bin ich?« geguckt hatte, schloss ich beim Gong ebenfalls die Augen, wartete, bis er zum zweiten Male ertönte, und riet dann mit dem melierten Herrn Baumann und der ebensolchen Annette Sowieso (an mehr Namen erinnere ich mich nicht mehr) fleißig drauflos. Erraten konnte ich die Klarinettenstimmer, Fernsehantennenausrichter und Nacktschneckenpornoregieassistenten nie. Eine Findungslose schon damals.

Wie dem auch sei. Ich geh jetzt weiter die *Campanula* suchen. ■

Vier Jungs

PERPLEX SAH ICH NACHTKERZEN hier und dort im oberen Gartenteil auftauchen und kratzte an meiner Schläfe rum. Vor Jahren hatte ich die unten im Vorgarten gesetzt und fand sie schön. Im Jahr darauf hatten sie sich explosiv vermehrt, und das fand ich noch schöner, hatte ich doch gelesen, dass die »Schinkenwurzel« ihren Namen nicht zu Unrecht trage – noch in ihrem ersten Jahr ausgegraben und gebraten sei sie eine exquisite Delikatesse für den kulinarisch naturbewussten Gärtner. Also nutzte ich einen Frühherbsttag dafür, stundenlang Wurzeln auszugraben (auch die kleinsten, man ist ja kein Verschwender), zu säubern, klein zu schnibbeln, anschließend das Ganze mit einem beherzten Schwung in die ölig brutzelnde Pfanne zu werfen und es mit Pfeffer sowie Salz zu versehen. Es roch interessant, aber vor allem sah es toll aus, die Wurzelstücke hatten tatsächlich einen rosa Schinkenschimmer.

Nach dem ersten Bissen gab ich mir ganz doll Mühe, es gut zu finden, schwenkte aber nach der vierten, waghalsig gehäuften Gabel hektisch die weiße Fahne, während ich angestrengt kaute und mit verzogener Miene runterschluckte. Immerhin: Ich hatte bis auf drei dekorative Exemplare alle weggejätet. Wenigstens das. Und dabei war es bis heute geblieben. Bei maximal drei Nachtkerzen. Dass nun deren Samen sich tatsächlich die Mühe gemacht hatten, raufgeflogen zu werden, über den Parkplatz und über das Haus, um dann im oberen Gartenteil zu keimen, schien mir unwahrscheinlich.

Als Nächstes meldete sich der Schlafmohn. Beim Praktischen Sitzplatz (das ist der unschöne gleich neben der Küche, darum der Name) war das schon länger der Fall. In jeder Plattenritze keimt er frühlings seit Jahren. Der Grund dafür war

VERGESSLICHKEIT

mir hinlänglich bekannt: Ich hatte mal den Sitzplatztisch dafür benutzt, Samen aus den kugligen Köpfen zu klopfen, um dereinst kiloweise Mohnbrötchen und -kuchen zu backen. Dieses Dereinst ist zwar noch nicht eingetreten, dafür kugelten ganz viele kleinkuglige Samen über die Tischkante. Voilà.

Damit nicht der ganze Garten schläfern mohnig übersät wird, kappe ich die Samenstände jeweils vor ihrer Reife und erwische dabei fast alle. Er erscheint also jährlich bei diesem Sitzplatz, aber nirgendwo sonst, höchstens in Form von explorativen Einzelexemplaren.

Außer dieses Jahr. In allen Gemüsebeeten poppte er auf, sowohl in den Hochbeeten als auch in den ebenerdigen, und erinnerte mich – anders als die Schinkenwurzeln – nicht an einen kulinarisch versäbelten Ausflug, sondern an einen Moment mit meiner Omama:

Wir schlenderten den Weg zu ihrem schönen Sitzplatz entlang, als ich vor einer prallrunden, grünbraunen Samenkapsel stehen blieb. Mit meinem neunjährigen Zeigefinger fuhr ich über den gezackten Rand ihrer Kopfbedeckung und spürte Omamas warmen Kaffee-Atem im Nacken: »Der ist hübsch, nicht wahr? Schlafmohn nennt man ihn.« Als wir schließlich beim Sitzplatz angelangt waren, wusste ich, dass der Schlaf mit Opium zu tun hat und wie man Letzteres gewinnt. Sie erklärte das in einer selbstverständlichen Natürlichkeit, die nur jemand zu Tage bringen kann, der mit bewusstseinsverändernden Stoffen so gar nichts am Hut hat. Abgesehen von ihrem wöchentlichen Schnapsgläschen voll Eierlikör, an dem ich hin und wieder auch nippen durfte, frönte sie diesbezüglich keinem Laster. Nicht mal geraucht hat sie. Und siehe da, es hat gewirkt.

Bis heute habe ich nicht nur kein Opium gewonnen, sondern verspüre auch überhaupt kein Bedürfnis, dies künftig zu tun.

Wundersam ist mir beim Schlafmohn, dass er in der Schweiz (noch) nicht verboten ist. Ausgerechnet in dem Land, das die Ver- und Gebote erfunden zu haben scheint. So darf das Auto auf einigen Parkplätzen nur zwei Stunden stehen, nachzahlen ist bei Strafe verboten. Es sei denn – haltet euch fest –, man begibt sich kurz in den fließenden Verkehr, dann darf man wieder denselben Platz aufsuchen. Letzthin hatte ich Parkplatznot und beging zum ersten Mal den muffensausigen Frevel, mir den Verkehr zu sparen. Hätte mich ein Polizist dabei erwischt, hätte der mir den Levitikus gelesen, dass ich mir in die Hosen gepinkelt hätte.[1]

Aber *Papaver somniferum* anbauen und latent Opium draus gewinnen, das darf ich. Wie auch immer: Gerade jetzt erschien mir das auffällige Aufpoppen im oberen Gartenteil noch wundersamer.

Einen weiteren Schläfenkratzer bescherte mir die Mariendistel. Auch da war ich der Ursprung allen Übels. Ich hatte gelesen, dass die Samen irgendwie zubereitet und wie auch immer eingenommen einen nachhaltig positiven Einfluss auf die Leber ausüben würden, und fand: »So eine Leber hat man nur einmal im Leben, also hopp!« Ich wäre dem Schreiberling unendlich dankbar gewesen, hätte er das große Mariendistel-Aber nicht zu erwähnen vergessen. Es gibt viele biestige

---

[1] Nichtgärtner schüttelte beim Vorkosten dieses Textes energisch den Kopf und wollte es genauer wissen. Die angefragte hiesige Stadtpolizei antwortete ausführlich und resümierte:

»Das heisst: Nach einem erneuten Einfügen des Fahrzeuges in den Verkehr ist jegliches Parkieren in einer nahe gelegenen, zeitlich begrenzten Parkzone verboten. Nach Ablauf einer gewissen Zeitspanne ist die Rückkehr in die gleiche Parkzone nicht zu beanstanden. Dabei ist die Angabe ›eine gewisse Zeitspanne‹ als eine vollständige Parkperiode zu verstehen.«

Hätte er bloß nicht gefragt.

Wesen in der Pflanzenwelt, aber diese Maria toppt sie alle. Unschuldig weiß befleckt, wunderschön in ihrer geometrischen Symmetrie und mit ihrem jungfräulichen deutschen Namen geschmückt gaukelt sie einem vor, sanftmütig, nachgiebig und gütig zu sein. Man sieht zwar die Zacken an ihren Blättern, aber hey, es sind doch nur Blätter. Denkste. Diese Zacken sind so fies stachlig, dass sogar deren Aura piekst. Nachdem ich einen ungebührlichen Sämling nichtsahnend mit nackter Hand am Wurzelschlafittchen gepackt und laut aufgeschrien hatte, wusste ich es besser und ging fortan auf Abstand. Offenkundig war der nicht groß genug. Wenn ich mich jätenderweise oder anderweitig beschäftigt in ihre Nähe begab, fand sie Mittel und Wege, mich aus dem Hinterhalt zu kreischpieksen. Deren Samen konnten mir gestohlen bleiben, Leber hin, Leber her. Die zwei Stück waren aber so hinreißend schön, dass ich sie gewähren und blühen ließ. Immerhin sahen die Blüten auf der Samenpackung betörend dunkelviolett aus und passten perfekt in mein Konzept. Nun ja. Sie blühten unscheinbar durchsichtig. Oder halt verstohlen weiß. Auf alle Fälle nicht schön. Jetzt wäre der Moment gekommen, dem Ganzen ein sauberes Ende zu setzen, wagemutig den Drachen zu erstechen und sich danach die Wunden zu lecken. Doch ich kann meine Ahnenreihe auch in tiefste Vorzeiten verfolgen, Siegfried ist in keinster Weise mit mir verwandt. Ich ließ *Es* sich also vermehren, und *Es* schaffte es fortan fast jährlich zu mindestens einer Samenschleuder.

Trotzdem. So viele Nachkommen wie dieses Jahr hatte sie noch nie hingekriegt. Meine rechte Schläfe war schon wund gekratzt, also wechselte ich zur linken.

Die brauchte ich auch, denn plötzlich schickte sich eine Gemüsemalve an, mitten im Eingang zum Kompostplatz zu keimen. Auch die hatte ich mal bewusst ausgesät, weil sie kulinarisch was hergeben täte. Bei der Vorkosterei fand ich den Geschmack okay, den behaart-schleimigen Begleitumstand aber weniger. Kurz: Sie fand genauso wenig den Weg in die Alltagsküche wie die Schinkenwurzel. Scheinbare Äonen später, nachdem ich sie bewusst ausgesät hatte, keimte sie also völlig unmotiviert. Wie immer, wenn was frech und unerwartet aufploppt, war ich gerührt und ließ gewähren. Als das Ding meine Hüfte erreicht hatte, meinte Nichtgärtner: »Du, da ist mitten vor dem Kompostplatzweg plötzlich was gewachsen, hast du das schon gesehen?« (Und dies von einem Mann, der den Weg nach Compostela mindestens einmal wöchentlich auf sich nimmt. »Plötzlich« höher als einen Meter ... die Wahrnehmung von nichtgärtnernden Menschen wäre ein eigenes Kapitel wert.) Inzwischen jedenfalls hat sie deutlich mehr als zweieinhalb Meter erreicht ... Moment, das will ich jetzt genauer wissen, ich geh eben mal nachmessen.

Entschuldigt, es hat etwas länger gedauert, musste erst den Meter suchen. Also: Gemäß dem schwankenden Metermaß in der untergehenden Herbstabendsonne sind es mindestens drei Meter. So rührend sie daherkommt, diese stolze Rokoko-Dame mit ihren hundert geschürzten rüschigen Unterröcken, so ungemein stört sie. Mühsam muss ich mich an dieser Malvzilla vorbeizwängeln, um zu meinen drei Jungs zu gelangen. Hätte ich sie gewollt, hätte sie vermutlich auf einem dümpligen halben Meter beharrt.

Ich brauchte lange, aber bei der Malvzilla kam sie mir, die Lösung des vierfachen Rätsels: Wenn du drei Kompostmieteriche hast und du zu faul bist, eine anständige Heißrotte anzuregen (umsetzen, umsetzen, umsetzen),

VERGESSLICHKEIT | VIER JUNGS

und wenn du es dir zur Gewohnheit gemacht hast, auf dem jeweils einjährigen Kompostkerl Kürbisse wachsen zu lassen, um den dunkelkrümligen Inhalt erst im darauffolgenden Frühjahr mit vollen Händen auszubringen,

dann erntest du zwei Jahre später, was du damals samenbesetzt hineingeschmissen hattest.

Ach so. Stimmt. Dunkel stieg die Erinnerung in mir auf, dass vor zwei Jahren das Jahr meiner kompösterlichen Leichtfertigkeit war. Ich musste damals so viele Säcke in den dörflichen Grüngutcontainer karren, dass ich um jeden froh war, der mir eine zusätzliche Fahrt dahin ersparte. »Meine Kompostjungs kriegen das hin! Und wenn nicht, dann wird es zumindest spannend.«

So spannend wie die Wundertüten, die man damals für einen Franken zwanzig im Kiosk kaufen konnte. Es brauchte nichts darin zu sein, wonach man sich verzehrte, man freute sich über alles, was man herauszog: das unnütze kleine Plastikwindrand made in China, den übelst klebenden Kaugummi, eine funkelnde Glasmurmel, einen leckeren Coca-Cola-Frosch oder vielleicht auch eine Schinkenwurzel. Meine Kompostjungs sind meine drei Wundertüten, die mich dank meiner Vergesslichkeit jedes Jahr aufs Neue überraschen. Heißrotte mag cool sein, Lauwarmrotte ist Wundertüte, definitiv.

Als Wundertüte entpuppte sich heuer auch mein namenloser Laubkomposter, der ganz allein, einsam und verloren in einer verwaisten Ecke des Gartens steht. Das arme Geschöpf hatte ich in diesem Dürrejahr komplett vergessen und seiner erst letzte Woche gedacht, als der Kirschbaum zögerlich begann, den ersten Kubikmeter Laub abzuwerfen. Trostlos stand es da, das Plastending. Eingedellt von oben und rechts ausgebeult, weil die Nachbarskinder oder -katzen es monatelang als Sprungtuch in meinen Garten benutzt hatten, um verirrte Bälle zu holen oder sich in den Velociraptoren-Sandbädern zu erleichtern. Mist, laubiger! Ich öffnete den losen Deckel und guckte hinein. Vertrocknete, eingerollte Blätter schauten vorwurfsvoll zurück: »Danke auch fürs sommerliche Gießen, du elende Trulla!« Mist, doppelter! Böses ahnend kniete ich nieder, entnahm die untere Entnahmeklappe und schaute ins Angesicht perfekten Glücks. Schwarze Ton-Humus-Komplexe kullerten mir jauchzend in verklebten Placken entgegen. Wenigstens das untere Drittel konnte tun, wozu es bestimmt war. Hätte ich doch sommers gegossen! Aber wer, der drei ungedeckte Jungs sein Eigen nennt, denkt schon ans Kompostgießen. Wo Glück und Leid so nahe liegen, macht man das Beste draus, holt in der Gartenhütte zwei große Übergangsbehälter, füllt sie mit dem Inhalt des Plastikkomposters nach dem Motto: »Die Guten in Behälter 1, die Schlechten in 2«, steckt das Plastikzeug neu zusammen und befüllt es schichtweise mit Gut und Schlecht. Als ich fertig war, tätschelte ich den Restaurierten und flüsterte: »Na, immerhin hab ich dich jetzt mal umgesetzt, oder?« Als Zückerchen begoss ich ihn mit dem Rest der Brennnesseljauche, legte eine Schicht neues Falllaub nach und deckte es mit Velociraptorenprodukten in Hanfhäcksel. Vier Sterne, sag ich bloß.

Nein, ich will ihn nicht mehr vergessen, ist er doch mein Goldjunge, dieser Laubkompost. Die Lösung lag nahe: Ein Name musste her. Dummerweise hatte ich mir in den Kopf gesetzt, meine Komposter auf zweisilbige Namen zu taufen, die auf -el enden. Wie z.B. Murmel. Eine weitere Bedingung beinhaltet, dass der Name irgendwie passt (Murmel-tiere schlafen im Winter), und er sollte mich entweder zum Lachen bringen oder bemutternde Gefühle auslösen (Murmel-tiere tun beides). Bisher fand ich nur »Purzel« (wäre perfekt, weil die Kinder und

Katzen drüberpurzeln) und »Myzel« (ausgesprochen »Mützel«) angemessen, aber beides enthielt ein »Ja, aber.« Mein großer Bruder kam rettend daher und lieferte gleich eine ganze Liste, wovon mir »Hänsel und Gretel«, »Tüdel-büdel« und »Gockel« am besten gefallen. Besonders die ersten beiden, versprechen sie doch verheißend, dass aus meinen vier bald mal fünf Jungs werden könnten. Oder mehr noch, vielleicht? Kann man überhaupt jemals genügend Kompostjungs haben?

Ein Hoch auf meine vier, auf dass sie nächstens in ihren wohlverdienten Winterschlaf fallen. Vielleicht habe ich im erwachenden Frühling den einen Namen für den vierten gefunden. ▪

Antrag

zur Änderung des Blumenzwiebelsetz-Termins
(PlfGB § 51, Abs. 6)

ES PASST MIR EINFACH IN KEINEN KRAM. Und vor allem passt es mir nicht, dass es mir nicht passt. So. Jetzt ist es wenigstens mal raus. Wenn ich jetzt noch aus meiner Haut fahren und in eine andere schlüpfen dürfte, würde mich das außerordentlich beglücken. In eine, die Anfang August den Blumenzwiebelkatalog hechelnd nass sabbert und im September mit entspannter, wolkenloser Stirn hunderte von zwiebelknolligen Nichtsers versenkt.

Nichtser = Zukünftig werden zu wollende Pflanze, von der direkt nach dem Setzen ungefähr ein halbes Jahr lang nichts zu sehen ist.

Den Blumenknollenzwiebelkatalog empfand ich als empörend. Ähnlich empörend wie die Supermarkt-Ostereierstaffelei im Februar oder das Christkindlgetue, während der Rittersporn noch blüht. Und dazu noch ein bisschen empörender, weil damit ein impliziter Vorwurf einherging: »Na, ne? Haste wieder mal vergessen, was? Hopp, schlag in deinem Gartentagebuch nach, es ist wieder so weit!« Ich möchte korrigiert haben, dass ich verdrängt, nicht -gessen hatte. Und nachzuschlagen brauchte ich ganz sicher nicht. In all den vergangenen Frühjahren konnte ich mir den feigenblöden Satz nicht zu schreiben verkneifen, der da lautet: »Und diesen Herbst (aber jetzt im Ernst und wirklich!) wirst du verdammt noch mal deutlich mehr Frühlingsblumen setzen! Ist doch wahr!«

VERGESSLICHKEIT

feigenblöde = So blöde, wie eine Feige wächst, nämlich ausladend, und darum dauernd zurückgeschnitten werden muss. Blöde ist dabei nicht die Feige, sondern die Person, die ihr diesen blöden Ort zugedacht hat.
Ich also.

Wohl kann ich mich dunstneblig daran erinnern, dass es mich im Frühling dürstet nach geblümtem Farbenrausch, dass meine Augen sich festketten an den sprießenden Schneeglockenpolstern hier und da und dort, und danach nicht nur Grün und Weiß, sondern Buntes wollen. Und je bunter es wird, desto ausufernder wird das Wollen. »Noch mehr ... noch mehr!« Aber es wird halt nicht merklich mehr, wenn man sich im September, der immer noch blütenorgiastisch daherkommt, schon fast darauf freut, dass das Ganze einem leiseren, weicheren Ton weicht und insgesamt drei Gänge runterschaltet.

Vorausschauend Auto fahren kann ich ganz gut. Das vorausschauende Gärtnern ist eine ganz andere Sache. Du musst dich mental und psychoneuronal in den Zustand versetzen, in dem du dich ein halbes Jahr später befindest. Passt mir nicht in den Kram. Es verlangt schließlich auch niemand von mir, dasselbe im März zu tun. Man stelle sich das mal vor: »Nick. Du bist jetzt im Gartentaumel und findest alles, was grün aus der Erde guckt, zum Anbeten. Schön und gut. Bitte versetze dich jetzt mental in das Herbstgefühl. Damit das Laub sich so schön gelb, orange, rot und braun verfärben kann, musst du jetzt *Welkemein flüssig* kaufen und es allen Herbsttönenden verabreichen. Es sei denn, du möchtest auf dieses pratiöse Spektakel verzichten.«

pratiös = Einen ganz besonderen Erregungszustand hervorrufend. Gelingt dieses Jahr der *Pratia pedunculata* am besten. Sie teppicht nicht nur wie gewünscht, sie blüht auch immer wieder. Jetzt auch.

Mal angenommen, man hätte es hingekriegt. So zu tun, als wär Frühling und als wollte man. Und überdies angenommen, man führe an einen Ort, der Zwiebelknollen anböte. Dann steh ich vor dem Regal voller Nichtsers und scanne. Hab ich schon. Will ich nicht. Ibäh! Könnte ein Gewolltes werden. Hab ich schon. Will ich das? Nachdem ich eine Viertelstunde vor dem Regal gestanden bin, mir in den Daumennagel und das Gewissen gebissen, auf dem Portemonnaie rumgedrückt und nachgerechnet habe, nähert sich bedrohlich ein angestelltes Wesen. Schnell mach ich die Fliege und beiß mir zu Hause in den Unterarm. »Wenigstens die Anemonen hättest du nehmen können. Mensch! So wird das nie was!« Aufgerafft begibt man sich an den anderen Ort, der auch Knollenzwiebeln anbietet. Aber viel billiger. Und interessanterweise viel speziellere Nichtsers. Aber nicht dieses Jahr. Während ich die Auslage zum zehnten Mal durchging und in meinem Herzen nur ganz schwach was hüpfte, nämlich das, was ich mir eh vorgenommen hatte, wollte ich hoffnungsfroh den *Clematis*-Bereich ansteuern. Da fiel mein Blick auf das Schild: »20 % Rabatt auf alle Blumenzwiebeln.« Es wurde mir omamaig.

omamaig = Anspringend auf alle Rabatte und Aktionen. Ererbt und gelernt von Omama. »Kind, lass dir nix durch die Lappen gehen, was du vielleicht willst und billiger als sonstwo kriegen kannst!«

Die *Clematis*-Auswahl und deren Zustand waren katastrophal. Mist. Also zurück zur Rabattaktion und in den am Arm hängenden Korb werfen. Das, was ich eh wollte/brauchte, wurde ergänzt durch das, was ich nicht gekauft hätte, wäre es nicht omamaig gewesen: *Allium* ›Purple Sensation‹ und *Narcissus* ›Thalia‹. Ich mag die beiden mehr, als sie mich. Offensichtlich. Also hopp, rein damit und zur Kasse. Zu Hause dämmerte dann die Ernüchterung. Das, was ich eh wollte, konnte ich problemlos einpflanzen, weil Neuland. Aber die Allithaliümmer ... In meiner Verzweiflung goss ich mir ein Glas Weißwein ein, setzte mich auf die Waschbetontreppe und grübelte. Es begann zu regnen. Schwere Tropfen panschten meinen Wein, tropften an meinem Nacken runter, der Hund und die Velociraptoren setzten sich kreisförmig um mich, putzten hie und dann ihr Fellgefieder und beäugten mich misstrauisch-erwartungsfroh. »Sackermentnochmal!« Ich schüttelte mich wie ein Hühnerhund und trottete missmutig ins Haus.

missmutig = extrem angenervt, weil man nicht wie gewohnt den Waschbeton-Geistesblitz erfahren hat. Wirkt sich aus auf die Velociraptoren, die an die verglaste Küchentür picken (Körnchen? Jetzt? Nicht? Aha.) und den Cerberus, der reingeschlüpft ist, bevor die Tür final zuging. (Futter? Jetzt? Nicht? Aha.)

> Am nächsten Tage klagte ich Nichtgärtner mein Elend:
> »Ich habe Blumenzwiebeln gekauft.«
> »Aha.«
> »Viele.«
> »Hm-m.«
> »Und jetzt weiß ich nicht, wohin damit.«
> »Ah so.«

»Im Ernst jetzt. Ich weiß, wo ich sie haben will, aber ich weiß nicht mehr, wo andere Zwiebeln stecken, die ich beim Einpflanzen garantiert hälften werde.«

»Und wenn du einfach mit den Fingern nachfühlst?«

»Mit den Fingern? In unserem dickfetten Lehmboden? Da bin ich schon froh, wenn ich die Handschaufel auf Anhieb zehn Zentimeter tief reinrammen kann.«

»Aha.«

Egal, an wen du dich mit deiner Seelenpein wendest, es winkt dir im besten Falle bloß ein Aha. Zerknirscht stand ich mit den 12 sensationellen Lilanen vor dem einen Urwald und versuchte mich angestrengt zu erinnern. Da irgendwo sind Krokanten, Tulipen, Puschkinien, Ipheiöners, diverse Alliümmers und die nicht auszurottenden Muscaris, hol sie der Teufel. Aber wo denn nur?

Man könnte mir nun zähnebleckend zynisch vorschlagen, im Frühling fotografisch zu dokumentieren. Ganz gezielt, Laufmeter für Laufmeter ein »Da sitzen die Nichtsers«-Panorama zu knipsen. Tja. Hatte ich doch tatsächlich mal gemacht. Minutiös geknipst und mich im Herbst auch – Wunder über Wunder – erinnert und daran entlanghangeln wollen. Bloß, im Frühling ist noch kein Herbstdschungel. Nicht mal eine Ahnung davon. Und auch wenn du weißt: »Na, da in etwa ist xy«, was nützt das, wenn Zentimeter darüber entscheiden, ob du mitten ins Herz eines deiner liebsten Kleinode stichst, von denen nur fünf Stück im Boden nichtsern? So ein Foto würde nützen, würde man ein Milimeterraster übers Beet legen. Wenn mir jemand zeigt, wie man das auch im Herbst hinkriegt, dann wäre ich außerordentlich beglückt.

Irgendwann wurde es mir zu bunt. Mit bewölkter Stirn baldowerte ich aus, wie ich mir am besten einen Pfad durch die Stauden bahnen konnte, ohne größere Schäden zu hinterlassen, bewegte mich im Schildkrötentempo Schritt ... für ... Schritt

VERGESSLICHKEIT | ANTRAG

durchs Beet und ließ mich von meiner Intuition leiten. Vorsichtig beherzt stach ich mit der Handschaufel rein, bewegte sie hin und her, lüpfte sie zeitlupig empor und … nichts … kein Nichtser. Der Schweiß der Erleichterung drang aus all meinen Poren. Es fühlte sich an wie in »Bulbs – the Real Thriller!«

Bulbs – the Real Thriller = (Noch) nicht existentes Videospiel.
Level 1 ist witzig. Leeres Beet, Durchschnitts-Lebensbereich, man kann nach Herzenslust setzen, wie man gerade lustig ist.
Die Auswahl der Blüher ist immens und man kriegt ein opulentes Startguthaben. Zur Belohnung folgt nach jedem Level ein Filmchen, wie das Beet im nächsten und in den folgenden zehn Jahren aussieht. Für jedes heikle Blümchen, das dann noch da steht, gibt es Pluspunkte. Für dessen Vermehrung doppelte. Und so weiter.
Ach ja. Schön aussehen muss es auch. Klar.

Ich befand mich im realen Leben mitten in Level 318, wenigstens dem Schwierigkeitsgrad nach (man kann auch Levels überspringen und mal so tun, als ob). Zwei Leben wurden mir aberkannt, aber ganze zehn Male stach ich ins Nichts. Darauf war ich zwar stolz, aber es raubte mir jegliche Lust, denselben Terz mit den Thalias zu vollführen. Ich stapfte zum Sitzplatz zurück, zückte die Packung und pflanzte die Engelsränen in jungfräuliche Erde, direkt anschließend an den Sitzplatz. Im Frühling schreibt es dann – vermutlich – ins Gartentagebuch: »Die Thalias wären alle gediehen, hätte man sie nicht vorzu beim Drübersteigen geköpft.«

Antrag abgelehnt.

Neu-Gier cupiditas

Was soll man tun, wenn Cupido unaufhörlich grüne
Pfeile schießt und Gärten sich vermehren innerhalb ihrer
selbst? Ihr erliegen, dieser süchtigen Liebe, sich ihr
hingeben, der Gier nach Neuem. Was auch sonst.

Der Blick zurück

IRGENDWANN ZWISCHEN ENDE Dezember und Anfang Januar setze ich mich in aller Stille hin, nehme mein Gartentagebuch zur Hand, blättere zur nächstleeren Seite, entdecke den Füller, schreibe langsam das Wort »Rückblick«, unterstreiche es sorgfältig und betrachte die weiße Wand vor mir. Ein weiteres Gartenjahr ist zu Ende, der Beginn des nächsten zieht sich noch ein Weilchen hin, es ist dies eine sonderbare Zwischenzeit, eine Anderswelt gleichsam – ungewohnt, ja, aber nicht unangenehm. Die perfekte Zeit, zurückzublicken und mit Stichworten festzuhalten, was sich dieses Jahr alles getan hat: Geschehnisse, auf die ich Einfluss hatte, wie etwa die Neuanlage eines Beets, und andere wie Wetter- oder sonstige Kapriolen. Anschaffungen, Erstentdeckungen und neue Liebeleien, unvermutete Todesfälle, unverhoffte Auferstehungen und unverschämt ausbleibende Ernteschwemmen.

In loser Reihenfolge schreibe ich nieder, was die Erinnerungs-Diashow in meinem Kopf hergibt. Einzelne Momentaufnahmen reihen sich aneinander und jede verlöscht, sobald die nächste erscheint. Der grausam heißtrockene Sommer und der verstörend milde Winter *Klick* Die neue Kettensäge *Klick* Trotz der Raptoren wieder massig Kirschfruchtfliegen *Klick* Das furiose In-Liebe-Fallen mit Gräsern *Klick* Zum ersten Mal *Perilla* und das daraus entstandene leckere Pesto *Klick* Die beiden Weidenvorfälle *Klick* – ein wunderbar wohltuendes Wechselbad der Gefühle.

Die einwendende Frage nach dem Warum ist berechtigt. Wofür, bitte schön, führt man ein Gartentagebuch, wenn es darüber hinaus eines rückblickenden Resümees bedarf? Nun. Gartentagebuch ist ein gar hochgegriffenes Wort. Wenn ich arg

NEU-GIER

schreibselig bin, dann erfolgen die Einträge zweimal wöchentlich, bisweilen findet sich pro Monat aber nur ein einziger. Da klaffen informative Lücken, dass einem angst und bange werden könnte.

Die andere Sache ist die: Wenn ich huschrasch nachschauen möchte, wie der Garten in früheren Jahren mit einem verregneten Sommer zurechtkam, dann mag ich mich nicht von urgestern bis heute durch die einzelnen Einträge wühlen. Umso mehr, weil ich dieses Gartenwochenbuch auch für vollkommen nutzlose Infos nutze.

23. April
(...) Es ist Morgen, bin unter Glyzine und Gloria sitzschläft neben meinem Schreibarm. Schmelz. Sie riecht nach Legehennenmehl, grins. Sollte gießen, aber lass mir noch ein Stückchen von diesem herrlichen Moment. (Wenn denn Porthos endlich zu krähen aufhören würde...)

Im Huschrasch-Such-Modus ist so nebensächliches Blabla nervenzermürbend, doch ganz und gar nicht so, wenn bei meinem Rückblick irgendwann ein Dia stecken geblieben ist und mir bei aller Mühe nicht mehr einfallen mag, was da sonst noch war. Oh, ein Jahr ist lang. Viel länger, als man denkt. Und ein Gartenjahr gleich viermal so lange. Wenn also gar nichts mehr gehen mag, zupple ich das letzte Dia aus dem Projektor, blättere seelenruhig zurück auf Jahresanfang, nehme einen Schluck Wein und lese mich durch bis zum letzten Eintrag, darauf bedacht, die Liste lückenlos zu ergänzen und ... mich zu ergötzen. An unfreiwillig Komischem etwa.

10. Mai
(...) Zausel ist geleert – eine Freude, ihn mit Kompost zu füllen! So hübsch jungfräulich und sooo viel Platz!

Das Glas ist leer, ich bis zum Rand mit Ergötzen gefüllt, die Liste ergänzt. Bedächtig deckle ich den Füller zu, lege ihn beiseite und überblicke die zwei listig mit kleiner Schrift gefüllten Seiten (listig kommt in diesem Satz sowohl von List als auch von Liste – das nur so nebenbei).

Das war mal anders. Der erste Rückblick vom Jahre 2002 kam mit gerade mal sechs Aufzählungen aus. 2007 waren es doppelt so viele. 2013 konnte ich mich nur vermittels Mikroschrift auf eine Seite beschränken. Der Grund ist so simpel wie unbekannt: Gärten vermehren sich. Innerhalb ihrer selbst.

Im Zuge dessen, dass die Gemeinde bereit war, etwas von ihrem Land günstig abzutreten, wuchs der meinige gar um sagenhafte neun Quadratmeter, was in der Schweiz schon ein halbes Häuschen ist. Aber das war ein bloßer Glücksfall und hat nichts mit meiner gemeinten »Vermehrung« zu tun. (Seht ihr? Das meine ich mit nutzlosen Infos.)

Man beginnt mit Rasenfläche, Hecke und zwei Beeten, sieht im Frühling nach einigen Schneeglöckchen und Krokussen zehn Narzissen und zwanzig Tulpen blühen und wähnt sich in einem Blütenmeer. Ein Jahr später sind es eine Rasenfläche, Hecke, vier Beete, mehr Galanthüssers, Krokusse, *Muscari*, Narzissen, Tulpen, *Anemonae blandae* ... und zehn Jahre später sind es diverse kleine Rasenflächen, unter der Hecke strecken sich unterschiedliche Schätze und in den Beeten schatzkistet es wie noch nie zuvor. Irgendwann werden die Zahnzwischenräume entdeckt: Sempervivum, Moos, Sedümmers oder *Papaver somniferum* dürfen und sollen in den Plattenspalten vor sich hin wuchern. Nachdem eine weitere Rasenfläche dem Horto-Gott geopfert wurde, steht man vor der *Vinca-minor*-Monokultur und denkt zu Recht: »Muss die sein?«

Den Gedanken wische ich beiseite, um mich ungestört an den alten Jahresrückblicken zu laben. Ja, der Blick zurück ist bei mir ein dreifaltiger. Nachdem ich nachgeschenkt habe, zücke ich den Rotstift und mache mich daran, alle listigen Rückblicke von 2002 bis zum letzten Jahr zu genießen und dabei hin und wieder mittels Kreuzsymbol korrigierend einzugreifen, denn was dieser heute baut, reißt jener morgen ein, und was einst gewachsen ist wie der Deibel, ist heute murksimorsch. Mit dem letzten Rückblick beende ich mein alljährliches Ritual, bleibe aber noch an einem letzten Dia hängen:

Neues Farnwehbeet, unter anderem mit den Geschenken des großen Bruders.

Erstaunlich, dass es erst zwei Jahre alt ist, irgendwie war mir, es sei schon viel länger am Werden. Oh, zwei Jahre sind kurz. Und zwei Gartenjahre gleich viermal kürzer! In meinen Adern beginnt es zu brodeln und gurgeln. Wie wohl das Neugesetzte im nächsten Jahr daherkommt? Und die blindlings versenkten Zwiebelknollen? Und der erste Kompost voller Raptoren-Ausscheidungen? Und die erwartungsfroh getopften Säm- und Stecklinge? Und überhaupt?

Man blickt zurück und damit unweigerlich vorwärts. Eine seltsame Zeit. Aber keine unangenehme.

Notdurft

»so. schluss! aus! das war's!«, stieß ich in die kühle Luft und trat zurück.

Es waren schwere Zeiten, die hinter und neben mir lagen, Wochen, in denen ich begraben unter der schweren Bürde meines alljährlichen Februargefühls ächzte und litt. Das Tragische daran: Keiner der zweieinhalb Monate war auch nur ansatzweise ein Februar und doch stapfte ich in jeder meiner Stunden kleinspurig durch den wintermild-grünen Garten und konnte höchstens notdürftige Freude finden, egal wie sehr ich mich auch anstrengen mochte.

Ja, ich hatte den Garten-Blues und der durchaus seinen Grund:

Es war die Zeit gekommen. Zweimal sieben Jahre waren ins Land gezogen und schließlich lag das Werk vollendet zu Füßen. (Also so im Grobgroßen und Ganzen.) Es gab Wasser und Land, Pflanzen und Tiere, Beete und Wege, Oben und Unten.

Im 15. Jahre ruhte ich aus, sah, was ich geschaffen, und … muffelte. Wochenbettdepressiv stand ich inmitten meines Werks. Die großen Projekte waren allesamt abgehakt, übrig blieben nur noch hier und da punktuelle, kleinräumige Vermehrbesserungen oder Wiederholungen. Öööööde! So was wie »Au toll, ja, Mensch! Das mach ich! Wiese neu anlegen und in der Zwischenzeit Kartoffeln setzen! Quietsch!« fetzt halt nur vorm ersten blauäugigen Mal so richtig. Das ganz dolle Quietsch! war damals die Anlage des geometrischen Kräutergartens, die sich über Jahre hinweg erstreckt hatte. Ein etwas ängstliches, aber nicht minder erregtes Quiek! war die Verwandlung des Teichs in Gemüsebeete. Ich komme zum zusammenfassenden Punkt:

Es war mein erstes Jahr ohne ein »Q« mit Ausrufezeichen. Mir blieb quasi nur noch der Quietismus[1].

Als da kam ein Morgen. Zerzaust und schlitzäugig trottete ich zum Velociraptorenhaus rauf, um die Fall- und andere Tür mit den gewohnten sangsingenden Worten zu öffnen und dabei mein Beinkleid zum gewohnten Mal im Maschendraht zu verheddern. Dieser lag seit guten anderthalb Jahren auf der Sandbadekiste, welche sich ihrerseits unter dem Raptorenhäuschen befand. Eine geniöse Einrichtung, diese Kiste, gäbe es keine Katzen. Erst missbrauchten sie sie nur nachts, was mich auf die Maschendrahtidee brachte: Einmal aufs Bad gelegt, auf beiden Seiten ein gutes Stück hervorlugend, konnte ich ihn morgens und abends mit einem einzigen Ruck elegant auf- und zuschieben, was ich fortan mit stolzem Vergnügen zu tun beliebte. Katzenkakafrei blieb es eine Woche, dann wurde auch tagsüber getan, was nicht hätte getan werden dürfen. Bis eines Tages der eiserne Vorhang ständig liegen blieb und das Sandbad auf einen Schlag seinen Daseinszweck verloren hatte.

Hätte, denn eingestehen mochte ich mir das noch nicht. Ob ich hoffte, dass die Katzen irgendwann vergessen oder sich mit einem leisen Plopp allesamt in Luft auflösen würden? Mag sein. Wahrscheinlicher ist, dass das träge Faultier, das mir ja leider auch innewohnt, mal wieder die Oberhand gewonnen hatte. Und so kam es, dass ich jedes Mal, wenn ich mich an der Raptorenbehausung zu schaffen machte, mein Beinkleid zu enthedern hatte.

Indes ich mich also angeregt mit dem Federvieh unterhalten wollte, kam mir das wadenhohe Metall einmal mehr in die

---

[1]. **Q-lose Momente** verleiten einen zu Übersprungshandlungen. Meine war: Aufstehen, zum Bücherregal schlendern, den Duden Band 1 rausziehen, unter Q aufschlagen und ein nettes neues Wort finden:
Quietismus = inaktive Haltung; religiöse Bewegung. Da guckst du!

Quere. »So. Schluss! Aus! Das war's!«, stieß ich in die kühle Luft und trat zurück. Eine Raptorin streckte ihren vor Neugier langgestreckten Hals aus der Falltüröffnung und äugte auf meine Füße. Erschreckt wich sie zurück, als ihr ein hektisch ratterndes metallisches Geräusch entgegenstieb. »Jetzt aber. Fort mit dem Ding!« Ich packte das zusammengeschobene Elend, warf es ins Vorzimmer des Purgatoriums und hüpfte beschwingt zurück ins Haus, um nachzudenken.

Kennt ihr das? Es beginnt mit einem, sagen wir mal, Umschlag: Aus einem inneren Impuls heraus greift die Hand nach einem leeren Umschlag, der schon einen Monat auf dem Sofatischchen liegt – kein Mensch weiß, wieso –, hebt ihn empor und guckt runter auf das Möbel. »Wieso eigentlich steht das hier und nicht anderswo?«, stellt es auf die andere Seite, denkt: »Hm, das steht ja richtig gut da, wieso bin ich nicht früher draufgekommen?«, tritt zurück und sieht dann, dass da irgendwas nicht mehr so richtig stimmt. Man verschiebt das eine Möbel, dann das andere, stellt um, arrangiert neu. Die Tür öffnet sich, der Lebensgefährtenmensch tritt in den Feierabend, um beinahe über das Sofatischchen im Flur zu fallen. »Gut, dass du kommst, ich könnte Hilfe gebrauchen! Also! Das Sofa müsste hier, der Fernseher da…«

Weiter hört er nicht mehr zu, steigt über den Hundespielzeugkorb, umrundet die aufgerollten Teppichsäulen, geht wortlos in die Küche, schenkt sich ein beruhigendes Getränk ein und nippt daran im Stehen[2]. Lebensgefährten kennen die

---

2. »Er trank den Calvados im Stehen.« – Nichtgärtners Lieblingszitat, obwohl er keinen Calvados zu trinken pflegt.

Abgründe ihrer Partner besser als ihre nicht vorhandene Westentasche und wissen damit umzugehen.

Der Maschendraht war genau so ein Umschlag. Und zwar ein ganz leerer. Als Erstes musste der Sand weg. Aber wohin damit? Es lag nahe – nur wenige Schritte waren nötig, um mit ihm die Gemüsebeete zu beglücken. Während ich am Beglücken war, stürzte sich eine Hälfte meines Hilfstrupps wonniglich darauf und verteilte die hingeworfenen Sandhügel fein säuberlich auf den abgeernteten Flächen. Die andere Hälfte versammelte sich um mich rum und schaute fragend an mir hoch, während auch ich mich fragte, nämlich, was denn nun ins ehemalige Sandbad solle, und bald darauf die Antwort fand. Grober Häcksel! Genau! Die Hilfsarbeiter könnten sich damit scharrend vergnügen, die Katzen würden sich indigniert davon abwenden und nach einem Weilchen hätte ich herrliches Kompostmaterial.

Wild entschlossen bewaffnete ich mich mit meiner Lieblingsgartenschere und stapfte, begleitet von drei aufgeregten Zuschauern, zum Zausel, dem hintersten Kompostmieterich. Zwischen ihm und einer Sichtschutzwand hatten wir in den letzten Jahren immer mal wieder Heckenschnitt und dünne Äste hingewurschtelt, weil so naturnah und wildtierfreundlich (soweit jedenfalls die offizielle Variante). Ich schnippelte also los und platzte beinahe vor Glück. Wie hatte ich das doch ersehnt! So klein das Projektchen auch war, es war eines und nur das zählte. Nach dem oberen Drittel konnte ich die Schere beiseitelegen und von Hand kleinbrechen. Verführend modrigpilzige Duftwolken stiegen empor in meine Nase, unter meinen greifenden Händen krümelte es immer mehr. »Ja Potztausend! Das ist ja ein veritabler Kompost, ist das! Das ist doch ein perfekter Winterschmaus für meinen Tüddel[3]!« Und so taufte ich den Faulheitshaufen auf den Namen »Wurschtel«, um ihn im selben Moment aufzuheben und dem Tüddel in den aufgeklappten Rachen zu werfen.

Das Projektchen war beendet, meine Not – immerhin vorübergehend – gestillt. Zufrieden stellte ich mich vor dem Zausel in Positur. »Tipptopp. Jetzt komme ich wenigstens wieder an die Ligusterhecke, ohne beim Schneiden den Kompostjungs auf den Kopf klettern zu müssen. Wobei ...« Hecke konnte man das Zeug nicht wirklich mehr nennen. Und überhaupt. Das nähere Hinäugen offenbarte, dass im Gezausle sehr viel Totholz vor sich hintötelte. Und ... warte mal ... der Nachbar hatte uns doch letzthin gebeten, den Liguster nicht zu stutzen, weil er die Feder- und Fußbälle so toll auffange ... soweit jedenfalls die offizielle Variante. »Warum«, ich zitterte schon vor Beendigung meines Gedankens vor unbändiger Vorfreude, »pflanze ich da nicht einfach eine Sträucherhecke, die keines Schnittes bedarf, wenn ich denn schon darf?«

Es braucht nur eine Katze, die ihre Notdurft verrichtet, um zurück zum Glück zu finden. Seit dem obigen Gedanken hüpfe ich aprillig durch meine Stunde, setze mich immer mal wieder mit dem Warda[4], meinem bäumigen Bruder und dem Internet auseinander und gebe mir alle Mühe, die Planung dergestalt hochkomplex zu gestalten, dass sich das Vergnügen möglichst lange hinziehen möge. Danebst habe ich mir das Schlafzimmer projektmäßig vorgenommen, denn Glück findet sich mitunter auch innerhäusig.

---

3. Der **Laubkompost** aus Plastik, vor kurzem getauft.

4. Wer ihn nicht kennt: Der **Duden der Gehölze**.

Ja!

TRÄGT MAN SICH MIT DEM GEDANKEN oder wird von ihm getragen, sich ein länger lebendes Haustier anzuschaffen, sagen wir mal einen Hund, dann wird einem früher oder später die folgende, durchaus berechtigte Frage über den Weg laufen:

Sind Sie sicher, dass Sie das wollen und sich leisten können? So ein Wauwau kann gerne mal älter als 15 werden. Multipliziert man die Tierarztbesuche mit den Futterkosten, den täglichen Zeitaufwand fürs Gassigehen mit etwaigen Nervenverlusten bei der Erziehung und den Verzicht auf unbekümmertes Reisen (sowie helle Teppiche) mit der Verantwortung, die man für so ein Tier übernimmt, könnte unter dem Strich ein dickes rotes Nicht-Smiley stehen. Wollen Sie das?

Egal, welches Käseblatt man aufschlägt, welchen auch mal parlierenden Radiosender man hört und in welchen Sender man zappt, es wird ins selbe Horn geblasen. Aus gutem Grund. Würde stattdessen in der aktuellen Ausgabe von *Ursula*, dem *Hinterächzdorfer Anzeiger* oder dem *Drogerieneckguck* so was stehen:

Sie möchten sich einen Hund anschaffen? Eine gute Idee! Er wird Ihnen Freude bereiten und Ihr Leben bereichern! Mit den nachfolgenden zehn Tipps und Tricks für Anfänger sind Sie bestens gerüstet, um zu Ihrem Traumhund zu kommen!, würde man vermutlich aufmerken. Und nun ersetze man *Hund* durch *Garten* und *sich anschaffen* durch *anlegen*.

Egal, wohin man guckt und hört, Garten ist immer »Juhuu!« und »Mach mal!«, dabei wird so ein Garten locker und deutlich älter als fünfzehn. In der Regel. Und das ist erst der Anfang.

Ein Garten kostet und dies nicht zu knapp. Oh nein, ich werde nicht das Lehrgeld zusammenrechnen, das ich in all den Jahren aus dem Fenster geschmissen habe; schon allein der Gedanke daran lässt mich vor monetärer Scham zusammenzucken. Ein Trugschluss wäre die Annahme, dass mit steigendem Wissen die Geldausgaben sinken würden. Das tun sie nicht. Wenn etwas sinkt, dann ist es höchstens der Fensterschmeiße-Anteil; angesichts der rauschhaft getätigten Neuanschaffungen, von denen man noch vor einem halben Jahr nicht mal wusste, dass sie anzuschaffen sind, geschweige denn existieren, verschwindet dieser Vorteil mit einem lautlosen Blubb im Nirgendwo.

Nicht nur junge Hunde, auch ebensolche Obstbäume wollen erzogen werden. Überhaupt braucht ein Garten eine gestrenge jätend-schneidend-ordnende Hand, es sei denn, dessen Besitzer hänge der antiautoritären Garten-Laisser-faire-Bewegung an. Tu ich nicht. Käme mir nicht mal im Traum in den Sinn. Würde mich ja jeder Freude berauben, verlorene Nerven hin oder her.

Und dann wäre da die Ferienproblematik. Wenn uns jemand frühlings oder sommers für ein Wochenende einlud und wir mit Verweis auf die drei Hunde ohne Sitter absagten, verstand man auf Anhieb und nickte telefonisch mitwissend. So was wie: »Äh... nee. Geht nicht. Garten, weißt du. Ich habe da ganz viele vorgezogene Sämlinge stehen, muss etliches gießen, es ist gerade Haupterntezeit, muss Stecklinge am Laufband stecken, nächstens blüht das XY zum ersten Mal, kann ich nicht verpassen, ich erwarte eine Pflanzenbestellung, unmöglich...« zeitigte für gewöhnlich betretenes Schweigen mit einem Anflug von Beleidigtsein.

Da ist die Anschaffung eines Hundes doch Pipifax. Und wenn der methusalemisch unglaubliche 25 Jahre alt würde. Mit einem verächtlichen Schnauben blätterte ich um, als ich im Wartezimmer mit einem der unausweichlichen »Es ist Frühling!... Garten!... Hach!«-Artikel bestraft wurde, stöhnte leise vor mich hin, legte die linke Hand auf die pochend schmerzende Schulter und erinnerte mich.

Es war Sommer und acht Jahre her. Ich sah aus dem Fenster auf Hausdächer, Baumkronen und eine malerische Gebirgskette dahinter, wenn ich den Infusionsständer und das belegte Bett vor mir ignorierguckte. Aber auch das half nicht wirklich. An Hausdächern bin ich bis heute nur marginal interessiert, Bäume waren damals für mich einfach nur Bäume; ich befand es nicht für nötig, mich wegen eines speziellen Spitzahorns ins Koma zu freuen. Und Gebirgsketten ... nun ja. So malerisch sie auch sein mögen, als Gebirgsflüchtlingin bevorzuge ich ebene Ebenen und kriege ein unangenehmes Kribbeln im rechten großen Zeh, sobald ich eines grauen großen Dinges gewahr werde, das mein Blickfeld beeinträchtigt. Wie erwartet kribbelte er, der Zeh. Ich seufzte, starrte an die Decke mit den Löchern in den quadratischen Platten und versetzte mich gedanklich in meinen Garten.

Es war übel. Richtig übel. Nicht mal wegen der Frühsommer-Meningoenzephalitis, die mich zu einem stotternden, dahinvegetierenden Schatten meiner selbst gemacht hatte – verflucht seien all die Zecken auf dieser Welt bis in ihr hundertstes Glied.

»Frau Nick? Wie geht es uns denn heute?«

»Mpf. Will nach ... nach ... will Hause. Will. Garten. Mein. Garten.«

»Schauen Sie, Sie können ja nicht mal richtig sprechen, geschweige denn fünf Minuten lang aufrecht sitzen. Wir *dürfen* Sie nicht nach Hause lassen.«

»Mo?«

»Nein, Frau Nick. Wir dürfen Ihnen auch kein Morphin mehr verabreichen. Die Gefahr, dass Sie süchtig werden, ist zu groß.«

Dabei war ich's doch schon längst, wenn auch nicht nach dem weichbettenden Schmerzmittel. Aber woher konnte das die Ärztin wissen. Wissen taten es nur meine Liebsten, die mir ein kunstvolles Gesteck mitbrachten – »Schau, alles aus deinem Garten!« –, das wochenlang halten sollte, und die jedes Besuchermal Fotos zeigten. Von dicken Broccoliköpfen, anmutigen *Hemerocallis*-Blüten, von den drei Hunden, die sich auf dem Rasen wälzten, während meine Mutter Wäsche aufhängte, von Grün und Bunt und überhaupt. Es zerrte und zehrte in mir wie an einer behangenen Wäscheleine im Sturm. Die Fotos – dessen war ich sicher – waren aus geschönten Blickwinkeln heraus geknipst. Es war nun mehr als einen Monat her, seit ich zum letzten Mal darin tätig war ... das Unkraut! Die Schnecken! Die Sonne! Mein Garten!

Nein, meinen Garten, wie sich später herausstellen sollte, kümmerte mein Wegbleiben nicht die Bohne. Nicht mal ein Böhnchen. Er sah herrlich aus, Unkraut war nur wenig zu erkennen, das Erwünschte wucherte fröhlich vor sich hin, das Gemüse gedieh, als hätte man es unter Laborbedingungen aufgezogen. Und dies trotz schmatzender Schnecken und sengender Sonne. Und trotz ohne mich.

Tja, mein Garten konnte problemlos ohne. Meine Hunde offensichtlich auch. Als ich, gestützt von zwei Lieben, in den häuslichen Flur wankte, wurde ich sachte wedelnd begrüßt, und dann stob es nach draußen, um dem Nachbarkläffer Paroli zu bieten. Untreues Gesocks, allesamt.

Das einzig abhängige Wesen in dieser Geschichte war und bin ich. Was mir damals durchaus zum Vorteil geriet. Als ich – inzwischen konnte ich tatsächlich zehn Minuten lang stehen,

ohne mich gleich übergeben zu müssen – die Ärztin darum bat, mich zu entlassen, sagte sie kühl, weil wissend: »Wenn Sie so darauf drängen … wir haben da einen Test. Wenn Sie den bestehen, können Sie nach Hause.« Der Test war ein körperlicher. So musste ich mich mit überkreuzten Armen an ihr festhalten, während sie mich hochzog, und noch weitere Leibesertüchtigungen absolvieren. Ich dachte an meinen Garten, biss die Zähne zusammen und wuchs über meine damaligen kläglichen Kräfte hinaus. Die Ärztin biss wohl auf ihre wissende Zunge und unterschrieb die Entlassungspapiere: »Aber nur auf Ihre Verantwortung!« Sucht hat ihre Vorteile.

Und so durfte ich endlich zu Hause genesen. Im Garten. Auf dem unsagbar hässlichen, aber bequemen Liegestuhl. Im Laufe der Wochen verflüchtigte sich das Stottern, entwickelte sich wieder das Gehvermögen und verfestigte sich die Erkenntnis: Der Garten kann ohne dich. Aber du nicht mehr ohne ihn. Es sei.

Ich legte die linke Hand auf die pochend schmerzende Schulter und blätterte den Dödelartikel um, als mich die nette MRT-Frau ansprach. Der Befund war ernüchternd. Kurz bevor ich andachte, den Spinat und anderes auszusäen, meinte die rechte Supraspinatus-Sehne, sie müsse sich entzünden. So sehr, dass ich leise an Mo dachte, weil kein gängiges Schmerzmittel helfen wollte. Gerade jetzt!

Gerade jetzt, verflixt und nochmals! Mitten in der Hochsä-Gemüsesaison, in der Beet-Urbarmachezeit, im Jetzt-haben-wir-das-Unkraut-zum-ersten-Mal-fast-im-Griff-Moment. Es graute mir vor weiteren Gedanken: »Und nun wirst du über Wochen hinweg schulterlahm vor dich hinhinken, zusehen, wie deine Kartoffeln vorgekeimt vertrocknen und wie Ackerwinden sich über deinen Garten und schließlich dich selber hermachen. Wenn es böse kommt, wirst du bis zum nächsten Winter in Schockstarre verweilen. Oh Pein!«

Der Garten kicherte belustigt-sprießend vor sich hin, der letzte verbleibende Hund genoss es, mit mir das Sofa zu teilen, und im Brutapparat piepste es immer lauter vor sich hin. Sechzehn schlüpfende Velociraptoren feuerte ich an und hieß sie willkommen auf diesem unserem Erdenrund. In Ermangelung einer Glucke sprang ich beherzt ein, bot ihnen im Wohnzimmer einen kleinen Küken-Erlebnispark und tat konrad-lorenzsch. Wohl wissend, dass sie mir nächstens entrissen würden, weil ich sie meinem Vater versprochen hatte. Immerhin würden sie einem höheren Zweck dienen – dem Fortbestand ihrer Rasse – und dafür selber Eltern werden.

Und so verhalf mir die böse Schulter zu vielen lieben Momenten, die mir ansonsten entgangen wären. Immer mal wieder darf eines der Aasgeierchen an meinen dahinschmelzenden Hals geschmiegt selig schlummern und sich streicheln lassen. Immer wieder beobachte ich, studiere, betrachte, sehe Federn aus dem Kükenflaum da und dort sprießen, mache Charaktere aus, verliebe mich zum fünften Male in Dieses und Jenes, bin einfach nur verzaubert ob des Wunders dieser Natur.

Die Kartoffeln sind in der Erde, Nichtgärtner sei Dank. Meine Velociraptörchen werden nächstens abgeholt. Nach einer Stunde werden sie sich nicht mehr an mich erinnern. Graugänse täten es vermutlich. Wie auch immer. Sie werden ohne mich auskommen. Genauso gut wie mein Garten.

Sind Sie sicher, dass Sie einen Garten anlegen wollen und sich leisten können? So ein Garten kann locker mehrere Jahrhunderte alt werden. Multipliziert man die Staudengärtnerbesuche mit den

Düngerkosten, den täglichen Jät-Schneid-Durchgang mit etwaigen Nervenverlusten bei Nichterfolgen und den Verzicht auf unbekümmertes Reisen (sowie helle Teppiche) mit der Verantwortung, die man sich einbildet, könnte unter dem Strich ein dickes rotes Nicht-Smiley stehen. Wollen Sie das?

Ja.

Fußnotiz:
Die Aasgeierchen sind inzwischen weg. Wie unerträglich piepsstill doch so ein Wohnzimmer sein kann … ∎

Sturheit obstinatio

Stur nennt man, wer falsch liegt. Das jedoch merken nur Außenstehende, indes man selber sich als tugendhaft sieht, weil vorbildlich unbeirrt und treu – sich, den eigenen Prinzipien, Vorlieben und Abneigungen gegenüber. Oder so.

Blaue Vögel

»DUUU RENITENTES, MISTIGES MISTDING, DU«, dachte ich flüsternd, ging mit machtlos hängenden Armen von dannen, hatte aber immerhin den Anfang eines neuen Textes. Und damit auch gleich das Thema: meinen Anfang als Gartenbesitzerin. Der geschah so richtig und wirklich, als ich aus meiner Stadtwohnung rauswollte und aufs Land zu ziehen gedachte, zurück zu meinen Ursprüngen. Ein Landeisprung sozusagen. Einige Wochen verstrichen, bis ich umzog, also nutzte ich die Zeit, deckte mich mit Gartenbüchern ein und war recht schnell fest entschlossen, den einen Hauptbereich zu einem blau-weißen Idyll zu machen. Die Reaktionen meines Umfelds waren erstaunlicherweise identisch. Egal, ob es sich um botanisch Liebäugelnde handelte oder nicht, man meinte unisono: »Meine Güte, was bist du stur!«

Nennt mich Nick oder stur, aber die Stimmen waren mir schnurz. Bevor ich den neuen Hausschlüssel in Händen hielt, drängte es mich ins Gartencenter und hin zum ersten künftigen Gartengewächs, dem Grundstein für meinen baldigen Blautraum. Was ich kaufte, hatte mit einer Wahrheit zu tun, die Hannibal Lecter wunderbar auf den Punkt zu bringen wusste: »Wir beginnen das zu begehren, was wir täglich sehen.« Täglich sah ich, in welchen Vorgarten ich auch linste, *Hibiscus syriacus* ›Blue Bird‹ und begehrte ihn immer sehnender, also kam er auf meinen Stadtbalkon und wartete im Plastiktopf auf sein neues Zuhause. Der allererste Schaufelstich im brandneu eigenen Garten galt ihm. Ich tätigte ihn mit einer Billigschaufel, die einen Monat später den Geist beziehungsweise Stiel aufgeben sollte; wenigstens war das Schaufelteil blau und somit der Auftakt zu meiner Idée fixe ein würdiger. (Ich sitze übrigens gerade neben

STURHEIT

diesem einen Hibiskus. Verflechtet schielt er zu mir rüber und zeigt erste zaghafte Blattknospen. Grinsend. Der weiß schon, warum.)

Heute weiß ich, dass man – bei konsequentem Farbkonzept – bloß kaufen darf, was blüht. Aber man versuche mal, so was einer lechzenden Anfängerin zu sagen. Als mein ein und alles Roseneibisch endlich mit seinen ersten Blüten aufwartete, spürte ich im Rücken mein Umfeld hämisch frohlocken. Das Teil hatte zwar brav ›Blue Bird‹-Blüten, schmückte sich darüber hinaus aber auch noch mit zwei Ästen, an denen unverschämt weiße Blüten mit knallroter Mitte saßen, die von Weitem ausgerechnet rosa schienen. In der Unfarbe überhaupt. Der kitschige Sortenname ›Red Heart‹ tat sein Übriges. Allein der Gedanke, dass gewisse Leute für solch einen Kombistrauch viel Geld hinblättern, tröstete mich über diesen herben Schicksalsschlag hinweg. Ich ließ das elende Teil, wo es war.

Eigentlich wollte ich jetzt zu was anderem überleiten, aber der Hibiskus flicht sich noch mal rein. Lassen wir ihm den Gefallen, er begleitet mich immerhin schon viele Jahre lang, so lange, dass er auch den bösen Winter 2011/12 erlebt hatte, in dem ja mitteleuropaweit einiges dahinstarb. Und was auch? Richtig. Die ›Red Heart‹-Äste. Ich lachte mir ins Fäustchen und zeigte meinem Umfeld die Zunge: Sturheit siegt, wenn auch spät, ha! Und trotz des ein oder anderen blauen Fleckens, denn das rote Herz – sinnig, wie die Natur ist – hatte sich exakt in der Mitte befunden. Der von nun an herzlose blaue Vogel bot sich in ungefällig krakeliger V-Form dar. Nicht schön, da konnte der Buchstabe noch so lange passen, aber gut genug für ein »Ha!«.

Wenigstens ein Jahr lang. Danach beschloss ›Red Heart‹, wieder von unten auszutreiben, quietschfidel und munter, und ich beschloss, genauso munter nichts aus meinen Fehlern lernen zu wollen, kaufte mir einen weiteren Roseneibisch, dieses Mal den ›Totus Albus‹, und wurde nebst reinweißen mit dazwischen rauszwinkernden Blüten in Sattrosa beschenkt. Doch der steht nicht im blau-weißen Bereich.

Jetzt ist aber die Überleitung dran, da kann mich kein Eibisch davon abhalten. Und die Überleitung ist gerade auch in besagtem Gartenbereich geschehen. Nachdem die quietschigen Krokanten nun weg sind (ja, da war ich großzügig; nach dem ersten tristen Winter fand ich die Kreischer in Orange, die von den Vorgängern gesetzt worden waren, zu hinreißend, um sie halsstarrig aus dem Beet zu verbannen), herrscht nun nämlich farbliche Zucht und Disziplin. Oder so. Blau ist ja bekanntlich ein recht dehnbarer Begriff... Violett und Lila dürfen da auch, aber nur solange sie einen anständigen Blauanteil aufweisen. *Anständig* ... genau, auch so ein dankbar flexibles Wort. Und, ja, der eine Rosenhain, den ich anzulegen genötigt war, aber dazu vielleicht später mal, ist nur mit sehr viel Farbenblindheit blaustichig zu nennen. Und um der Ehrlichkeit das Krönchen aufzusetzen: Es werden noch die tulpigen ›Königinnen der Nacht‹ blühen; wenn man die mit zusammengekniffenen und leicht schielenden Augen studiert und dabei die Sonne im Rücken hat, sieht man den Rotstich fast gar nicht mehr. Aber sonst ist wirklich alles weiß-blau-violett, bockstur bis zum Frost. Abgesehen von einigen *Digitalis*-Ausreißern, die eigentlich weiß zu blühen haben, das *Purpurea* in ihrem Zwienamen aber zu ernst nehmen. Und abgesehen davon, dass es streng genommen keine weißen Hems gibt und keine blauen, da können die noch lange ›Bluebird Butterfly‹ heißen. Und abgesehen von ... nun denn. Es gibt stur und stur.

Meine lockere Sturheit oder großzügige Konsequenz bewahrt mich zuverlässig davor, die Flinte oder eher Schaufel in die Radieschen zu werfen, bis auf eine winzige Ausnahme. Die Mistdinger. Auch bekannt unter dem Namen »Darwin-Hybriden«. Darwin. Genau. Gelb und rot und augenauaorange kommen diese Tulpen beständig jedes Jahr aufs Neue zum Vorschein und vermiesen mir alles. Was hab ich versucht, wie tief hab ich schon gegraben, nein, die Viecher merken das und weichen aus. Nach dem ersten kathartischen Fluchen und Davonzotteln folgt dann stets der Griff zur Schere. Im Haus gibt's zum Glück kein Farbkonzept, da dürfen Vögel jeglicher Couleur rumflattern. ▪

Gartenblut

GARTENBLUT IST NICHT, wie bislang fälschlicherweise angenommen, von vornehmem Sauerstoffrot oder pulsierendem Grün, sondern durchsichtig, bisweilen milchig-weiß, mal klebrig, mal wässrig, manchmal riecht es nach was, manchmal nicht. Auf jeden Fall kommt es raus, wenn man ein Gartengrün verletzt. Und das reichte mir völlig. Schon kurz nach der letzten Teenagerhäutung hatte ich mich gegen jegliches Kaufen, Überreichen oder In-Empfang-Nehmen von Schnittblumen verwahrt. Die armen Blumen! Zu Tode geschnitten, um als Leichenteile die menschliche Selbstsucht zu befriedigen. Wenn man sie denn wenigstens essen würde! Mit dieser Einstellung bewaffnet bestritt ich tatsächlich mehr als ein Jahr im eigenen Garten. Da konnten mir noch so schlaue Bücher und deren schlauere Autoren lange was von »remontierend« erzählen. Mit mir nicht! Schon allein der Gedanke, dass ich falsch drauflos schneiden würde, zu tief, zu hoch, zu was auch immer. Montieren genügte mir vollauf.

Es kam, wie es kommen musste. Meine Mutter kam zu Besuch. Ihr genügte ein Blick in den Zustand des Gartens und sie meinte, während ihre wachsamen Augen nach einem geeigneten Werkzeug Ausschau hielten: »Diese Sträucher da müssen mal richtig geschnitten werden. Komm, lass mich das gleich machen.« Rückblickend kann ich dazu erläuternd erwähnen, dass sie vom Gärtnern in etwa so viel Ahnung hatte wie ich damals. Ein bisschen also und nicht viel mehr. Aber sie hatte etwas in ihrem Blut, das irgendwo auf dem Weg meiner zygotischen Teilung abhanden gekommen sein musste: das Hausfrauen-Gen. Nun machen wir uns ja, zu Recht, gerne mal lustig über den so genannten Hausmeisterschnitt. Der Haus*frauen*schnitt

STURHEIT

dagegen ist von ganz anderer Qualität. Zuerst einmal wird alles entfernt, was einen beim praktischen Ausüben allgemeiner Alltagstätigkeiten (putzen, scheuern, fegen, fugenreinigen, hochdruckreinigen, mähen oder einfach dran vorbeilaufen) stören könnte. Anschließend tritt man ein paar Schritte zurück, nimmt Maß und schnibbelt dann, dass die Blätter fliegen. »So muss das aussehen.« Zurück blieben adrette Sträucher und ich.

Nachdem sich das wiederholt hatte, begann ich zögerlich damit, meine Einstellung zu überdenken. Es hat schon Vorteile, wenn man nicht dauernd unter dem einen Feigenast hindurchkriechen muss, um auf der Gartenautobahn von A nach Z zu gelangen. Außerdem hatte sich Mutter bei gewissen Stauden bedient (»Ich schneide jetzt mal einen schönen Strauß, der Esszimmertisch ist sonst so trist«), ohne dass ich ihr hätte Einhalt gebieten können. Und guck da, einige von ihnen remontierten tatsächlich.

Es kam, wie es kommen musste. Ich steckte meine Nase in »So schneidet man richtig«-Bücher, guckte erfahrenen Gärtnern über die Schulter, löcherte sie mit Fragen, schärfte, was es zu schärfen gab (Blick, Werkzeug, Verstand, Beherztheit) und setzte an. Bei den Rosen übte ich. Bei der *Wisteria* hatte ich die Erleuchtung. Den Blauregen hatte ich geerbt und für einmal echt Glück gehabt. Er blüht, wie jeder Blauregen halt so blüht, aber dann tut er es nochmals und nochmals und nochmals. Eigentlich blüht er die ganze Saison hindurch, wenn auch nicht so verschwenderisch wie im Frühjahr. Weil ich mich schlau fand, wurde gleich daneben ein Sitzplatz errichtet. Mit Pergola. Damit der Blauregen uns über Kopf die Augen und Nasen erfreuen und beschatten würde. (Jetzt könnte ich mich vier Seiten lang über die Unsinnigkeit von ewig blühenden Wisterien oberhalb von Steinplatten, die sich unter einer Sitzgruppe befinden, auslassen, verkneif es mir aber.) Das Schneiden also. Ich schnitt erst mal zögerlich. Da ein bisschen, dort etwas – huch, das war zu viel –, da noch ein bisschen und dann war's um mich geschehen. Hatte ich bislang gedacht, ich käme den Pflanzen beim Jäten am nächsten, wurde mir nun bewusst, wie falsch ich gelegen hatte. Erst jetzt verstand ich die wachsende Logik dieses Schlingers, sah ins markigste Allerinnerste, merkte, was tot war, was noch sprießen würde, schnupperte am frischen Schnitt, besah mir die Rinde, wie ich noch nie besehen hatte, dies alles wie im Rausch. Am Ende lag nach meinem Dafürhalten mehr Material auf dem Boden als am Gewächs, etwas mulmig legte ich alles beiseite und hoffte. Vergebens. Ich hatte alles richtig gemacht und durfte welke Blüten wischen wie noch nie.

Und siehe da, heute ist mir das Gehölzschneiden die liebste Tätigkeit, mein brodelndes Gartenblut, weil es letztlich eine Kunst ist. Das genaue Studieren des bisherigen Wuchsverhaltens, der Blick in die Zukunft: »Was passiert, wenn ich da oder dort schneide?« und vor allem der Kompromiss – bisweilen muss man halt ästhetisch oder wörtlich untendurch gehen, bis das Gewächs tut, was man möchte. Ich stelle mir gerade vor, wie meine Mutter durch den Garten geht und instinktiv nach einem Schneidewerkzeug Ausschau hält. »Nee, lass mal, das muss so. Bevor du's andenkst, im Haus stehen überall eingevaste Maiglöckchensträuße und von Schnecken angeknabberte Irisblütenstängel rum. Ich mach uns mal Kaffee und dann setzen wir uns unter die Wisteria, ja?«

(Meine Mutter hätte genickt, abgewartet, bis ich in die Küche verschwunden wäre, um dann, nur schnell, nur so nebenbei, den Sitzplatz zu wischen.)

Von Gras und Gräsern

ES WAR EINE ZEIT, die gar nicht mal so lange her ist, als es in meiner Welt die folgenden zwei selbstgestrickten Definitionen gab:
Gras = 1. Es wächst im Rasen und zickt da bisweilen.
2. Es wächst unkrautig in Beeten und da ist es ihm immer labradoodelwohl.

Ich wusste zwar von einer dritten Variante, hielt davon aber so viel wie gar nichts. »Ziergras«. Allein schon dieses Wort war mir widersinnig. Gut, so ein Grasbüschel mag wohl den herrlich dicklippigen Mund einer Kuh zieren, in dem es nach und nach mit rhythmischen Zuckungen verschwindet, aber ein Beet? Ich bitte euch.

Standhafte Menschen wanken nicht, wenn sie mit ihrer Meinung allein in der Wiese stehen, auch wenn ihnen noch tausendmal gehirnwaschend unter die Nase gerieben wird, dass sie falsch liegen. Egal, was ich las, in welche Gärtnerei oder Gärten ich ging oder mit wem ich redete, alles schwärmte von diesem eindimensional einkeimblättrigen Schnarchzeugs. »Es könnte – meiner Treu! – vielleicht doch was dran sein«, so dachte es schließlich dann doch in mir, leicht schlingernd. Und weil Standhaftigkeit eh überbewertet wird, schubste ich einen Teil meiner Prinzipien über Bord und besorgte mir Gräser. Zierende. Für in die Beete. Den Teilschubser hatte ich mir wohlfeil zurechtgerückt: »Duhuu?«, flötete ich beim Heimkommen meinem Nichtgärtner entgegen, »Guck mal, das da habe ich *nur für dich* gekauft!« (Damals war es dem Nichtgärtner noch so sehr pillepalle, was ich draußen vor der Tür rausriss, umsetzte und einpflanzte, dass der clever angedachte Trick arg fadenscheinig daherkam.) Nichtgärtner sah wohlwissend nicht auf die einkeimblättrigen Töpfe und lächelte mir gequält entgegen. »Wart's ab! Das ist dein Ding, sag ich dir!«, trillierte ich und

STURHEIT

hielt ihm namentlich genannt Bärenfellschwingel (»Streichel das mal, ist der Hammer, du!«) so nah vor die Augen, dass er ihn einfach toll finden musste, und ohne Atempause gleich noch die Morgensternsegge (»Guck mal die Fruchtstände an – ist das nicht unglaublich? Fühlt man sich da nicht wie bei der Schlacht am …«) – ich wurde jäh unterbrochen:

»Ja, doch, die haben was. Gefällt.«

Darf ich anmerken, dass dieses nichtgärtnersche Edelprädikat »gefällt« damals zum ersten Mal gefallen ist? Verflucht. Es musste was dran sein, an diesem Ziergrasgedöns. Oder vielleicht an den Namen?

»Und«, meinte der fingerkuppenfühlende Nichtgärtner, »was ist das da?« Leicht bredouilliert hätte ich gerne irgendwas von *Stahlbohrerfräse* gemurmelt, da *Lampenputzergras* für mein Trachten nicht wirklich was hermachte – welcher Kerl putzt schon Lampen? (Und überhaupt: welche Frau? Total unsexy, der Name. Ich hätte ihn ja keck in *Pfeifenputzergras* umbenannt, wäre Nichtgärtner Pfeifenraucher gewesen. War er aber nicht. Doch es gab einen Ausweg. In solchen Fällen hilft Latein. Immer.)

»Das«, entgegnete ich entwaffnend, »ist ein *Pennisetum*. Der Hammer, sag ich dir.« (Die Erwähnung von Werkzeugen funktioniert bei vielen Menschen, vornehmlich männlichen.)

»Toll!«

Nun ja. Das Lampengeputze wich als Erstes, nachdem es sich drei Jahre lang standhaft geweigert hatte, auch nur eine Ähre zu produzieren. Die Morgensternsegge sah enttäuschend aus an jenem einen Ort, also pflanzte ich sie an einen anderen, der dummerweise einen Weg kreuzte. Den kläffhündischen Kreuzzugsweg nämlich. Gegen den neuen Nachbarskläffer. Und so wurde das Symbol der schweizerischen Befreiung drei hoch vierfach in Grund und Boden gestampft. Der Bärenfellschlingel hätte überlebt, hätte ich ihn denn brav teilend verjüngt und nicht von Gänsekresse überwuchern lassen. Er verschwand sang- und klanglos, da konnte auch der Name nicht mehr helfen.

»Ziergras«. Ich bitte euch.

Die Jahre gingen ins Land, ich blieb standhaft. Sogar damals, als ich dem Staudengärtner meines Vertrauens die gewohnte Nick-Frage stellte:

»Na? Hast du was Neues für mich, was ich unbedingt haben muss?«, und er meinte: »Ja, hab ich! Komm mit ins Gräserquartier, da ...«

»Du, nö. Mit Gräsern hab ich's nicht so.«

Er schaute mich mit entsetzt rollenden Augen an, schnappte nach Luft und brachte nur ein gejapstes »Ä?!?« hervor. Nee, nee. Gräser hatte ich gesehen.

Und es wallte ein erneutes Jahr herbei, dieses Mal das 2014te. Ich war gerade am Jäten und rupfte munter büschelweise Gräserunkraut raus. Meine unbehandschuhten Finger hielten inne, als sie etwas Breiteres, Festeres erspürten.

Nun ist mein großpupilliger Jätblick nicht geschaffen dafür, Gartenwürdiges auf Anhieb zu erkennen, sondern auf die eine simple Unterscheidung programmiert, die da lautet: Freund oder Feind. Dummerweise erkenne ich in der jätenden Trance Freunde nicht immer rechtzeitig, geschweige denn die potenziellen. Ihr wisst, wovon ich da andeutend ein Klagelied summe. Aber dafür habe ich Hände und einen Tastsinn.

Ich wich einen halben Meter zurück, die Pupillen wurden kleiner und ich sah. »Ach. Da sind ja drei Stück davon. Mit einem richtig netten Pflanzabstand. Die kenn ich doch. Die wollte ich einmal schön finden. Woher bloß kenn ich die?« Tja. So schnell lässt sich ein Befreiungssymbol nicht unterkriegen. Die

Carex grayi war gerade im Begriff, zögerlich an dem Ort aufzuerstehen, an den ich sie ursprünglich gesetzt hatte, um pünktlich im Jahre 2015 ihre Morgensterne zu zeigen. Da wurde es sogar mir ein bisschen national ums Herz: Die Schlacht am Morgarten, in der die Eidgenossen einmal mehr die pösen Habsburger besiegt hatten, fand tatsächliche 700 Jahre früher statt. Gewonnen hatten sie zwar mit der Hellebarde, nicht dem Morgenstern, und die andere Schlacht um '15, bei Marignano und vor 500 Jahren, endete mit einer Niederlage. Aber wir wollen hier nicht pingelig sein.

Historisch bewanderte Pflanzen waren mir neu. Bisher hatte sich Zweikeimblättriges diesbezüglich als gänzlich desinteressiert erwiesen. So etwas wie Ehrfurcht machte sich in mir breit. Vielleicht war es auch einfach nur ein gewitzter Beobachter gewesen und hatte mitgekriegt, dass ich in jenem letzten Jahr gar nicht mal weit entfernt außerbeetisch zwei dicke Hörstlein *Stipa tenuissima* gesetzt hatte. Für die Velociraptoren. Nicht, weil sie Federgras heißen – Namen sind diesen Tieren Schall und Rauch – nein, aus dem prosaisch opportunistischen Grund, weil sich die Federtiere anscheinend wonniglich auf die Samenstände zu stürzen pflegen. Kein Ziergras also, sondern ein Hühnernutzding. Darum durfte ich es auch ungehemmt schööön finden, was ich täglich tat, mitunter so laut, dass es die *Grayi*-Samen auch ganz tief im Mutterboden hören konnten. Meine Ehrfurcht wurde breiter.

Sie hatten es geschafft – das federnde, pazifistische Engelshaar in Kooperation mit drei kriegerischen Morgensternen:

3. Und dann gibt's noch Ziergräser, die man richtig schön finden kann.

So schön, dass sie Lust auf mehr machen. Dieses Frühjahr rückte ich einem kleinen Rasenstück zu Leibe und verwandelte es in einen *Amsonia-Geranium-Chaenorhinum*-Bereich mit Ziergräsern. Auserkoren wurden Zittergras und Waldschmiele in Sorten.

Und wohin zog es mich wie an Marionettenfäden? Zu den austreibenden Blaublühern? Denkste. Zu jedem wachsenden Millimeter der Gräser, dieses scheinbaren Schnarchgedönses. Mit glänzend-funkelnden Augen beobachtete ich, wie die *Briza medias* runde Blütenstängel in die Höhe schoben, sich Embryo-Blüten wie klitzekleine Erbsen herausschälten – sie erinnerten mich vage an Küken, die sich aus ihrem Ei zwängen –, größer wurden, sich entgrünten und eine leicht errötende Färbung annahmen... Weshalb eigentlich erzittert es, dieses Gras? Schämt es sich bescheiden ob der eigenen kleinen Schönheit? Oder ist es ein züchtig-moralisches Zittern, weil die Nichtgras-Nachbarn unzüchtige Dinge mit Insekten treiben, in aller Öffentlichkeit?

Ich war hingerissen. Sogar von der Waldschmiele, die offenbar beschlossen hatte, sich nicht zu rühren. Wochenlang saß sie stachlig-horstig da, mit trotzig vorgeschobener Unterlippe. Es war ihr nicht zu verdenken. Immer wieder landete ein schuppiger Ignorantenfuß auf ihr, knickte dabei Halme ab und schämte sich nicht mal deswegen. Die Hoffnung darauf, dass sie sich doch noch in diesem Jahr dazu hinreißen lassen würde, mir ihre Blüten zu zeigen, hatte ich aufgegeben, aber ich hätte es besser wissen müssen. Ziergräser müssen sich zieren. In vielerlei Hinsicht. Seit einer Woche schälen sich zu meiner wuschigen Freude *Deschampsia*-Blütenstände heraus und siehe da: Da trampelt kein Velociraptorending mehr drüber. Weiß der Habicht warum.

Ziergräser. Eine erstaunliche Welt für sich. Meine kleine simple Welt hat sich verändert. Schlagartig, innerhalb eines einzigen kurzen Jahres. Sah ich auf Spaziergängen zuvor Blumen mit grünem Begleitgedöns, blaue, gelbe, rote, braune, riesengroße, klitzekleine, bremste ich diesen April abrupt, ging ein paar Schritte zurück und verkündete Nichtgärtner inklusive Hund: »Jetzt schaut euch das an! Ein einzelner *Briza-media*-Stängel mitten in dieser Wiese! Hinreißend!« (Nichtgärtner war tatsächlich angetan, der Hund kümmerte sich lieber um die für uns unsichtbare Duftmarke rechts daneben.) Und der Wald. Der Wald! Neue Schätze tun sich da vor mir auf, rechts und links der Wege, die ich auswendig kenne, von denen ich weiß, dass da gleich drei Holunder kommen, links eine Springkraut-Plantage sich eröffnet, dort drüben Knoblauchsrauken eine ausgebüchste Lorbeerkirsche umrunden ... da sehe ich zum ersten Mal vier kleine breitblättrige Horste. Richtig schöne mit braunen Blütenknospen. Und da ein größeres Gras, das sich ein Moosbett ausgesucht hatte, und dort noch ein anderes ...

Aus Gras sind Gräser geworden. Aus verächtlich hingeschnaubtem »Ziergras« ehrfurchtsvoll geflüsterte Ziergräser. Aus verschwommen-grün wahrgenommenem Brei verschiedene Individuen, Geschichten, Schönheiten. Dass es ausgerechnet Ziergräser sein mussten, die mir diese unfassbare Wahrheit vor Augen führten: Du siehst, was du denkst. ■

Tigerschnegel Limax maximus

Wer Eier anderer Nacktschnecken und auch geschlüpfte
solche isst, und das tut er, der König der Schnecken, darf
in meinem Garten alles und gerne auch frönen:
seinem ganz eigenen, verschwiegenen kleinen Laster,
dem lüsternen.

Tigerschnegelfell

AHNUNGSLOS SCHRITT ICH meines hölzernen Weges und sah es zum allerersten Mal: Dieses Tier, das einem den Atem raubt, wenn man seines Weges schreitet und nicht im Entferntesten erwartet, irgendwann in seinem Leben auf so was zu stoßen, geschweige denn heute. Den Tigerschnegel. Ich kniete nieder, um genauer zu betrachten, hielt meine Hand daneben und schauderte vor Ehrfurcht und einem klitzekleinen bisschen Angst … was für ein unglaubliches Riesentier, fast so groß wie meine Hand! Und so ergab sich der sehr seltene Umstand, dass ich ins Haus rannte, um den Fotoapparat zu holen. Den geknipsten Bildern ist bis heute die fassungslose Ungläubigkeit anzumerken. Dass es so ein Lebewesen überhaupt gab und ich es bisher noch nie erblickt hatte!

Nach dem Knipsen legte ich die Kamera beiseite und schaute diesem anmutigen Geschöpf zu, wie es königlich seelenruhig vor sich hinkroch. Es war eine Schnecke, keine Frage, und ganz eindeutig nackt, doch blieb meine gewohnte Nacktschneckenreaktion aus; kein Tötungswille weit und breit. Wozu auch. Wenn man so aussah, konnte man nicht böse sein. (Böser Irrglaube. Ganz böser. In der Regel. Aber nicht hier.) Und man sah bezaubernd aus. Der geschmeidige Körper glitzerte im Dämmerungslicht, die sinnig verteilten dunklen Tupfen erinnerten eindeutig an eine anbetungswürdige Raubkatze – wenn auch eher an einen Leoparden als an einen Tiger, aber nu –, die Größe war atemberaubend. Ich fühlte mich beschenkt.

Nun ist es so, dass mein Garten seit jeher ein beliebter Tigerschnegel-Lebensort war, nur war mir das bis dato gänzlich entgangen. Wer Tigerschnegel nicht kennt, sieht sie offensichtlich auch kaum. Oder andersherum: Hat man seinen ersten Tigerschnegel gesehen, sieht man plötzlich überall welche. Es ist wie verhext. Der Goethe hatte mal geschrieben:

Wär nicht das Auge sonnenhaft,
Die Sonne könnt es nie erblicken.

Ich wette, er hatte dabei sein erstes Tigerschnegel-Erlebnis im Hinterkopf. Ganz bestimmt, aber das kann man ja nicht schreiben. Wer will schon von einem *tigerschnegelhaften* Auge lesen, geschweige denn so eines haben. Etwas prosaischer könnte man anmerken, dass es sich hier schlicht und platt um nachtaktive Tiere handelt, deren Fellzeichnung in der Dämmerung eine chamäleonische Wirkung hat. Ist man dann über so eines gestolpert, weiß man ab diesem Moment von dessen Existenz, womit das Chamäleonische auf einen Pff verpufft. Mir gefällt Goethes Version besser. Wie auch immer, wir trafen uns allenthalben immer mal wieder, vereinzelt, bezaubert (jedenfalls ich) … und manchmal auch vergiftet. Jede Tigerschnegelleiche beweinte ich bitterlich, obwohl niemand anders als ich die Giftstreuerin gewesen war. Aber Tigerschnegel sind nicht nachtragend. Treu wurden Eier gelegt, brav wurde geschlüpft, unverhofft wurde man aufs Neue beglückt.

Vor drei Lenzen zogen Velociraptoren in meinen Garten und mit ihnen auch ein Velociraptorenhaus. Interessant vermutlich für Füchse und Marder oder für ganz ausgebuffte Habichte. Könnte man meinen. Viel hatte ich mir (wir kennen das) nicht gedacht, als ich eines Morgens zum ersten Mal die Schleimspuren entdeckt hatte. Quer über die Häuschenfront rein ins kaninchendrahtvergitterte Fenster, runter zum Futtertrog, in

den Futtertrog rein, aus dem Futtertrog raus, die eine Seitenwand hinauf ... es wird halt eine besonders entdeckungsfreudige Schnecke gewesen sein. Ein bisschen mehr ins Verwundern geriet ich die folgenden Tage, schien doch der nächtliche Schneckenbesuch zur Gewohnheit zu werden. Eines sehr frühen Morgens dann ertappte ich ihn in flagranti (ich mache ihn der dramaturgischen Einfachheit halber jetzt einfach mal männlich). Er war gerade daran, sich durch ein Kaninchendrahtquadrat nach draußen zu quetschen und hielt verschämt, aber lieb blinzelnd inne, als ihn der Strahl meiner Taschenlampe erwischte. »Soso«, flüsterte ich zwinkernd. »Soso.« Ich öffnete die Türe und leuchtete zu den Mädels. Verschlafen hoben sie je ein halbes Auge, machten »gock« und dösten weiter. Hinter ihnen eine schleimbespurte Wand. Mein Herz hüpfte: Ich hatte ein neues Haustier, ein zugekrochenes, das sich seine Schlafstatt – wie ich später feststellen durfte – unter dem Wassernapf gleich neben dem Raptorenhaus eingerichtet hatte. Es war immer nur einer, ob unter dem Napf oder am Futtertrog, und ich darf die Annahme wagen, dass es tatsächlich bis heute der ein und selbe ist. Nicht nur, weil ich dort nie Schneckenkorn gestreut hatte, sondern weil diese Tiere bis zu drei Jahre alt werden können.

Nun haben ja Schnegel nebst dem Schlafen und Fressen auch noch andere Bedürfnisse, was einen beim Anblick dieser aus Sinnlichkeit zu bestehen scheinenden Wesen nicht überraschen dürfte: Dieses Langsame, Genießerische, unverhohlen Nackige, dieses Umschlingen ... die können das einfach. Wie sehr, wurde mir an jenem einen Morgen klar, an dem ich in den Stall leuchtete und man mich mit lieb beschämtem Schnegelblick und unschuldigem Gock erwartete, als wär nichts gewesen. Nur, quer über Glorias ausladendem Bürzel erstreckte sich eine breite, verräterische Schleimspur. Ausgerechnet Gloria. Ausgerechnet sie, die bei der Ankunft eines Velociraptorenmannes unter den Ginkgo flüchtet, um vor sich hinzumotzen, während die anderen Mädels federnzwirbelnd auf den neuen Pascha zuhopsen. Ausgerechnet Glorias Bürzel, auf dem nicht mal eine Fliege landen darf? Dieser Schlingel! Aus der zart-innigen Anbändelei wurde ein wiederholtes Vergnügen, die Auserkorene dabei immer und nur die Gloria. Bis vor einer Woche, kurz nachdem ich beschlossen hatte, über Tigerschnegel zu schreiben. Ich sah den etwas ekligen Schleimfaden an einem Topf und zwei Schnegel geschäftig davonkriechen. Einer so groß wie Glorias Liebhaber, der andere gerade mal die Hälfte davon, wenn nicht weniger. Vage erinnerte ich mich daran, dass ich von dieser Sache mit dem Schleimseil irgendwann mal etwas mitbekommen hatte, aber es blieb zu vage, als dass ich eins und eins hätte zusammenzählen können.

Einen Tag später sah ich wiederum ein solches Schleimgebilde an einer *Hemerocallis,* nur hingen da zwei – mir bisher unbekannte – Tigerschnegel in inniger Umarmung dran. Mitten in der Luft. Und da kam mir das Bild wieder in den Sinn, das ich damals im Internet gesehen und ungläubig weggeklickt hatte: Tigerschnegel paaren sich zirkusreif an einer selbstproduzierten Liebesschaukel. Man glaubt es erst, wenn man es mit eigenen Augen gesehen und erlebt hat. Erstaunlich, dass ich all die Jahre brauchte, um das in meinem tigerschnegelfreundlichen Garten mitzukriegen. Tja: Wär nicht das Auge schleimfadenhaft, den Schleimfaden könnt es nie erblicken. Doch es ging noch weiter. Am selben frühen Morgen wollte ich das Velociraptorenhaus öffnen und sah zu meiner freudigen Überraschung eine fremde kleine Tigerschnegelin außen an der Tür. Schnegelfreundlich langsam öffnete ich letztere und streckte meinen Kopf hinein.

TIGERSCHNEGEL | TIGERSCHNEGELFELL

Glorias Schlingel kroch gerade zu den Velociraptorinnen rauf, während direkt über dem Futtertrog ein verlassener Schleimfaden sachte hin- und herbaumelte.

»Soso«, brummelte es schmunzelnd aus mir raus; ich zwinkerte Gloria zu und freute mich auf viele kleine Schlingelchen.

UND GANZ ZUM SCHLUSS NOCH DIES
Nach dem Schreiben klickte ich bei den oben erwähnten Fotos spaßeshalber auf »Informationen«: Mein erster und darum historischer Tigerschnegelmoment hatte sich am Donnerstag, 24. Juni 2010 zwischen 21:42 und 21:43 ereignet. Irre. Und wenn wir schon bei Tigerschnegelmomenten sind, hier Goethes komplettes Gedicht aus dem Jahre 1824:

Wär nicht das Auge sonnenhaft,
Die Sonne könnt es nie erblicken;
Läg nicht in uns des Gottes eigne Kraft,
Wie könnt uns Göttliches entzücken? ∎

Addendum

Wörter

Asymptote → Dieses Wort hatte ich bei einer Kurvendiskussion – einer mathematischen – zum ersten Mal gehört und mich auf Anhieb darin verliebt, weil so wahr. Es geht um eine Gerade, welcher sich eine Kurve immer mehr nähert, ohne diese je zu erreichen. Übersetzt ins wahre Leben: Es ist das Ding, das du ersehnst, während du doch im tiefen Abgrund deines Verstandes weißt, dass du es nie wirst erreichen können. Ein Beispiel? Perfektion. Oder gefühlsechte Gartenhandschuhe, die länger als drei Monate halten.

C → Das chemische Element für Kohlenstoff, der als Grundlage allen Lebens auf unserer Erde durchaus von einigem Belang ist, was mich persönlich bis heute nicht sonderlich scheren täte, wäre er nicht so eine entscheidende Zutat, wenn es ums Füttern meiner Kompostjungs geht.

Cerberus → Nicht meine Kompostjungs (oh, was für eine nette Idee!), sondern bloß das Totenreich bewacht dieses in der Regel mehrköpfige Ungeheuer, dessen lateinisch übersetzter Name so lautet wie oben fettgedruckt. Hopkins hatte nur einen Kopf, aber auf einem Foto – in antik anmutender Umgebung – bellte er derart ungeheuerlich, dass ihm kurzerhand dieser Übername verpasst wurde, der fortan an ihm kleben blieb wie eine Gelbtafel an den Schweifen all unserer → Hunde.

Horto-Gott → In Ermangelung einer zuverlässig tradierten Gartengottheit erfundene ebensolche in männlicher Form (weil man immer noch hofft, dass man dereinst als Gartengöttin über den eigenen Rasen schweben tät oder ernannt würde).

ADDENDUM

Hund(e) → Ist von Hunden in meinem Garten die Rede, so sind gemeint, in absteigender Schultermaß-Reihenfolge: Yorrick, Irish Wolfhound x Riesenschnauzer (2000–2013), Fuchur, Straßenkreuzung aus irgendeinem Hüte- & dito Jagdhundmischling (2001–2014), und Hopkins, Luzerner Niederlaufhund x Malteser (2003–2017).

kathartisch → Um es auf den einfachsten einpunktigen Nenner zu bringen: Du bist stocksauer und trittst mit aller Wucht gegen das Badezimmerschranktürchen, woraufhin es dir auf wundersame Weise besser geht, obwohl da ein gehörfreundliches »Ich-geh-nur-langsam-und-geräuschlos-zu«-Türchen eingebaut worden war. Man kann aber auch einfach nur vor sich hin fluchen. (Aber dann deftig, sonst wirkt es nicht.)

Lecter, Hannibal → Fluchen wird er als beherrschter Mensch, der er ist, vermutlich nie. Dass ich und andere Menschen das wissen, obwohl wir ihn noch nie getroffen haben, liegt am Schriftsteller Thomas Harris, der Herrn Lecter zum Leben erweckt hat, und zwar in seiner verfilmten Romanreihe, wovon »Das Schweigen der Lämmer« am bekanntesten sein dürfte.

mendelig → Gregor Mendel (1822–1884) war Pater und Vater, letzteres jedenfalls der Vererbungslehre und ganz, ganz vieler Erbsenpflanzen, die er zu diesem Zwecke herangezogen hatte, was ich schon als Teenie ungeheuer sympathisch fand. Das erfundene Wort »mendelig« bedeutet: Mit Mendels Regeln und Tierhaarpinsel bewaffnet bewusst bestäubend, um gewollte Nachkommen zu erhalten.

N → ist keine Abkürzung von Nick, sondern ein ungeheuer tolles chemisches Element, wenn auch gerne mal in reichlich stinkender Form anzutreffen. Daher rührt wohl sein deutscher Name »(Er-)Stick(ungs)stoff«.

Nektarien → Kein Obst und nichts zu essen. Insofern eigentlich fast gar nicht interessant, es sei denn, man ist ein nektarbegehrendes Insekt. Die Honigblätter, so ihr deutscher Name, sind bei den Hellis (→ Addendum ›Pflanzen‹) als Kränzchen rund um die Staub- und Fruchtgefäße aufgereiht.

Nichtgärtner → Eine Bezeichnung sowohl für nicht gärtnernde Menschen als auch für meinen Lebensabschnittsehemann.

Nick → Die Grüntöne begannen ihr Leben als Blog und dieser wiederum als Experiment, das ich nur mit einem Pseudonym wagen wollte. Es musste ein zwar anonymer, aber doch passender Nickname (= Benutzername) her und so entschied ich mich für den Spitznamen, mit dem mich meine Mutter anzusprechen pflegte.

remontieren → Eine Pflanze will wachsen, blühen, Samen bilden und sich reproduzieren. Einige wollen das unbedingter als andere. Schneidet man diesen die noch nicht ganz abgeblühten Teile ab, dann starten sie das ganze Programm von Neuem. In derselben Saison.

Stunde, meine → Normalerweise in der blauen Stunde, also dann, wenn die Dämmerung einsetzt und alles in ein magisch-unwirkliches Licht getaucht wird, aber – so flexibel bin ich durchaus – auch sonst mein tägliches Ritual: Durch den Garten gehen und nur schauen. Und nachdenken. Und lächeln. Und schauen.

Velociraptor → Der Name dieses Dinosauriers ist eine lateinische Ableitung, die aus velox (schnell) und raptor (Räuber) gebildet wurde. Solltet ihr mal einem Huhn zusehen, das eine Wanze erbeutet, dann wisst ihr: Oh mein Gott, das sind Dinos! Tatsächlich sind Hühner recht direkte Nachkommen gewisser Dinosaurier – die Füße z. B. teilen sie mit dem T-Rex.
Meine momentanen Raptoren sind Thüringer Barthuhnzwerginnen (Penny, Gloria, Phoebe) und mittendrin die kleine Appenzeller Barthuhnzwergin (Mü).

Welkemein flüssig → Ein Produkt, das bislang noch nicht zu erwerben ist, da erfunden von mir. Falls sich jemand eine herbstlich goldene Nase dran verdienen möchte: Dass es ein Verkaufsschlager werden wird, bezweifle ich stark. Trotz des netten Namens.

Znüni → Mein Znüni war eine Zigarette, aber nun rauche ich ja nicht mehr. Traditionellere Schweizer verleiben sich um neun Uhr (am Nüni) ihr Pausenbrot ein.

zygotische Teilung → Die erste Zellteilung der befruchteten Eizelle, also sehr, sehr früh.

Pflanzen

Aconitum carmichaelii → Herbst-Eisenhut
Adenophora → Becherglocke
Allium aflatunense ›Purple Sensation‹ → Kugel-Lauch
Amsonia (u. a. *tabernaemontana*) → Blaustern
Anemona blanda → Strahlen-Anemone
Arabis ferdinandi-coburgii ›Variegata‹ → Gänsekresse
Arisaema (u. a. *fargesii*) → Kobralilie
Artemisia vulgaris → Beifuß
Aster dumosus / *Symphyotrichum dumosum* → Kissen-Aster
Astrantia major ›Hadspen Blood‹ → Große Sterndolde

Briza media (u. a. ›Limouzi‹) → Mittleres Zittergras

Calamintha sylvatica ›Menthe‹ → Wald-Bergminze
Campanula x punctata ›Sarastro‹ → Großblütige Glockenblume
Campanula x punctata ›Wedding Bells‹ → Großblütige Glockenblume
Carex foliosissima ›Ice Dance‹ → Japan-Segge
Carex grayi → Morgenstern-Segge
Chaenorhinum origanifolium → Zwerg-Löwenmäulchen
Clematis → Waldrebe
Convolvulus arvensis → Acker-Winde
Corydalis flexuosa → Blauer Lerchensporn
Cotula/*Leptinella squalida* ›Platt's Black‹ → Fiederpolster
Cyclamen hederifolium → Herbst-Alpenveilchen

Deschampsia cespitosa ›Goldtau‹ → Wald-Schmiele
Digitalis purpurea ›Alba‹ → Fingerhut

Eupatorium rugosum ›Chocolate‹ → Wasserdost

Galanthus (u. a. *nivalis*) → Schneeglöckchen
Galanthüssers → nickscher Plural von Galanthus
Geranium himalayense → Himalaya-Storchschnabel

Helleborus → Lenzrose
Helli → Spitzname für Helleborus
Hemerocallis → Taglilie
Hem → Spitzname für Hemerocallis
Heptacodium micnioides → 7-Söhne-des-Himmels-Strauch
Heuchera (u. a. ›Midnight Rose Select‹) → Purpurglöckchen
Hibiscus syriacus (u. a. ›Blue Bird‹) → Hibiskus, Roseneibisch

Ipheion uniflorum → Einblütiger Frühlingsstern
Ipheiöners → nickscher Plural von Ipheion
Iris ›Katharine Hodgkin‹ → Kleine Zwerg-Schwertlilie
Iris reticulata ›Halkis‹ → Netzblatt-Schwertlilie

Krokanten, Kroküsse, Kroküsschen → nicksche Pluralformen v. Krokus

Leucojum aestivum → Sommer-Knotenblume
Lobularia maritima → Duftsteinrich
Lycopus europaeus subsp. mollis → Wolfstrapp, Wolfsfuß
Lysimachia clethroides → Schnee-Felberich

Muscari botryoides → Kleine Traubenhyazinthe
Myosotis sylvatica → Wald-Vergissmeinnicht

Narcissus poeticus → Dichter-Narzisse
Narcissus triandrus ›Thalia‹ → Engelstränen-Narzisse

Nepeta kubanica → Großblütige Katzenminze
Nepeta racemosa ›Grog‹ → Trauben-Katzenminze
Nigella damascena → Jungfer im Grünen

Ophiopogon planiscapus ›Nigrescens‹ → Schlangenbart

Papaver somniferum → Schlafmohn
Pennisetum alopecuroides ›Hameln‹ → Lampenputzergras
Perilla frutescens → Perilla, Shiso
Phlox paniculata → Hoher Sommer-Phlox, Flammenblume
Pratia pedunculata → Blauer Bubikopf

›Rhapsody in Blue‹ → Strauchrose (Cowlishaw / Warner 2002)
›Rococo‹ → rote Papageien-Tulpe

Salvia verticillata ›Purple Rain‹ → Quirlblütiger Salbei
Sedum cauticola ›Lidakense‹ → Pflaumen-Fetthenne
Sedümmers → nickscher Plural von Sedum
Solanum lycopersicum → Tomate
Stipa / Nasella tenuissima → Federgras, Engelshaar

Tagetes (u. a. *patula*) → Studentenblume
Tulipen → nickscher Plural von Tulipa (= Tulpe)

›Uncle Tom‹ → rote, gefüllte späte Tulpe

Vinca minor → Kleines Immergrün
Viola cornuta ›Black Jack‹ → Hornveilchen

›William Shakespeare‹ → Strauchrose (David Austin 2000)
Wisteria sinensis → Glyzin(i)e, Chinesischer Blauregen

ADDENDUM | PFLANZEN